QUATRO MIL MILHAS ALÉM
Uma travessia, o homem e o Mar

Aderbal Torres de Amorim

QUATRO MIL MILHAS ALÉM

Uma travessia, o homem e o Mar

2ª edição / Porto Alegre-RS / 2023

Capa e projeto gráfico: Marco Cena
Produção editorial: Maitê Cena e Bruna Dali
Produção gráfica: André Luis Alt

Dados Internacionais de Catalogação na Publicação (CIP)

A524q   Amorim, Aderbal Torres de
        Quatro mil milhas além - uma travessia, o homem e o
    Mar. Porto Alegre: 2.ed. BesouroBox, 2023.
     216 p. : 16 x 23 cm.

    ISBN: 978-85-5527-114-4

     1. Viagens. 2. Navegações. 3. Expedições. I. Título.

CDU 910.4

CIP - Catalogação na fonte. Paula Pêgas de Lima CRB 10/1229

**O autor destinou ao Asilo Padre Cacique
(do qual é conselheiro) a integralidade da renda desta obra.**

Copyright © Aderbal Torres de Amorim.

Todos os direitos desta edição reservados a
Edições BesouroBox Ltda.
Rua Brito Peixoto, 224 - CEP: 91030-400
Passo D'Areia - Porto Alegre - RS
Fone: (51) 3337.5620
www.besourobox.com.br

Impresso no Brasil
Novembro de 2023.

À Maria Denise (Magra), minha mulher, grande velejadora.

Aos filhos Aurélio, Omar (Gringo), Andrea
e Rafael (Finha), meus melhores amigos.

Às irmãs Miriam e Auta e aos irmãos que adotei, Heitor Sá de Carvalho,
Mauro Pinto Marques e Edson Brozoza.

À Márcia e às netas Amanda e Maria Fernanda.

Dezembro de 2000.

Contar-te longamente as perigosas
Coisas do mar que os homens não entendem
Súbitas trovoadas temerosas,
Relâmpagos que o ar em fogo acendem
Negros chuveiros, noites tenebrosas,
Bramidos de trovões que o mundo fendem,
Não menos é trabalho, que grande erro
Ainda que tivesse a voz de ferro.
(Camões, Os Lusíadas, V/16)

SUMÁRIO

Um livro náutico? 9

Capítulo 1
Ainda é tempo de navegar 13

Capítulo 2
O Mediterrâneo: das Ilhas Baleares ao Estreito de Gibraltar 23

Capítulo 3
A costa africana: de Gibraltar ao Arquipélago das Canárias 35

Capítulo 4
Das Canárias ao meio do Mar Oceano 71

Capítulo 5
Do meio do Mar Oceano ao Mar do Caribe 149

Capítulo 6
O Porto do abrigo final 205

Glossário de termos náuticos 210

UM LIVRO NÁUTICO?

Este livro foi escrito nos últimos meses do ano 2.000, a bordo do veleiro *Haaviti*. Tendo zarpado das Ilhas Baleares, no Mar Mediterrâneo, comecei a escrevê-lo depois de Gibraltar, quando já velejava ao largo da costa africana do Marrocos, próximo ao paralelo de Casablanca. Terminei-o, **quatro mil milhas além**, quando chegamos do outro lado do Mar Oceano, em St. Barthelemy, Mar do Caribe, pouco antes do destino final, St. Maarten.

Sob certo aspecto, trata-se de um livro náutico. Não só porque escrito a bordo, ao vivo, mas também porque nele é relatada, meridiano por meridiano, a grande travessia transoceânica. Nele, estão registrados os principais fatos de navegação ocorridos, como as coordenadas diárias das posições do barco – à medida em que avançávamos em direção ao Novo Mundo –, as condições do tempo, dos ventos e do Mar, os sucessivos horários de nascimento e pôr-do-sol, as variações diárias das posições da lua e das principais estrelas existentes em nossa rota. Também dele constam os acontecimentos mais marcantes, dentre os quais, de modo especial, a colisão que tivemos com uma baleia, quando estávamos a mais de 1.000 milhas de qualquer ponto de terra conhecida. O incidente, como outros da mesma natureza, já ocorridos com embarcações ao redor do mundo, poderia ter feito nosso barco naufragar...

Além disso, este é também um livro do sentimento. Pretendi algo que transcendesse às coisas da navegação. Por isso, nele coloquei tudo o que me veio à alma durante a inesquecível travessia. Sou um incorrigível sentimental.

Escrito por um marinheiro enamorado do eterno Mar, nele lancei pensamentos, retratei emoções e procurei transmitir lições que vão desde os primeiros tempos do ser humano no planeta, sua passagem da vida nômade para a vida sedentária, passando pelos egípcios, os aborígenes australianos, os guanches e outros povos cuja história, de uma forma ou de outra, tocou-me, de modo especial, durante a grande viagem. Nele, busquei privilegiar a cultura, comentando invenções, descobertas, guerras e outros fatos históricos da humanidade, pondo à mostra as exigências da nefasta e destruidora vida moderna. Nele, empenhei minha alma marinheira em prosa e até em versos que aqui e ali me ocorriam.

Não foi minha primeira grande navegada pelo Mar bravio, mas foi a maior. Espero não haja sido a última. Outra vez constato, portanto, que não há fonte de inspiração como a nascida do útero Mar. Não há o que mais toque o ser humano do que o Mar. Não há quem não se renda ao Mar em seu insaciável ímpeto devorador e estimulante de nossa sensibilidade. Ele se entranha em nosso ser, aprofunda-se e faz trazer à tona coisas que nem mesmo imaginávamos, pois estavam submersas nas profundezas do desconhecimento de nós mesmos.

No imenso Mar, é impossível não mostrarmos às escâncaras tudo o que nos vai por dentro, não revelarmos nossos segredos. No misterioso Mar, somos carne viva. O Templo oculto é revelador de nós mesmos; ele faz com que, finalmente, alcancemos a grande realização do "conhece-te a ti mesmo". O Mar mostra-nos o que somos, quem somos, de que tamanho somos: somos nada. Nele, encontramos respostas para questões irrespondidas e ainda para tantas outras indagações que nem sabíamos existirem.

De caso pensado, deixei para escrever este introito já em terra firme, em um dia que materializa, ao mesmo tempo, a alegria e a dor, componentes intrínsecos à existência humana: é o dia de meu aniversário e é também a data em que meu pai morreu muitos anos atrás. É uma data de comemoração, mas também de recolhimento, de saudade, o pólen do adeus.

É também nessa precisa data que o inesperado me fez uma surpresa sem precedentes. Jamais soube que algum marinheiro fosse presenteado pelos companheiros de grandes navegadas com o que acabo de receber. Meus bravos parceiros de travessia, como que simbolizando o que vivemos juntos e o que o grande Mar nos desvendou, entregaram-me um cartão de prata onde se lê:

Ao nosso amigo e poeta Amorim

Parar não é cessar, mas sentir ao longe o fruto da dedicação de uma missão cumprida, na travessia do Atlântico.

Uma homenagem dos amigos
Tatu e Graef
Dezembro/2000.

Pois a estes queridos amigos, respondo:

Hoje é apenas uma data
De alegria é que se trata
Pois bem sei que ela existe
E na memória persiste
Tudo quanto eu já vi.
E nestes sessenta e um
Estou melhor que em nenhum
Dos outros que já vivi...

O misterioso Mar nos mostra a nós mesmos. Pretendi que este livro fosse minha própria revelação...

Em terra firme, 26 de dezembro de 2000.
O autor.

1
AINDA É TEMPO DE NAVEGAR

EUROPA

MAJORCA

ÁFRICA

Ilhas Canárias

CABO VERDE

OCEANO ATLÂNTICO

ESTADOS
UNIDOS

CUBA

BRASIL

Quase meia-noite. O comandante desce correndo ao meu camarote e entra. Ele me chama às pressas porque a vela-balão enrolara-se no estai*. Precisa ser imediatamente arriada ou poderemos perdê-la. Levanto-me e corro para lá. O Graeff já está na rede da proa, procurando desenrolar o balão, puxando-o para baixo por um dos punhos inferiores. Agarro o punho. Sem dizermos qualquer palavra, Graeff corre para soltar o cabo que prende o balão no tope do mastro. Só ele sabe como a adriça está amarrada. Na última levantada do balão, foi ele quem o subiu. O comandante, no leme, arriba o barco o que pode, para que o balão fique escondido na sombra da vela grande. Penduro-me no balão, puxando-o para baixo. A adriça é solta. O balão despenca e então me jogo sobre ele, abraçando-o o mais fortemente que posso. Devo abafá-lo contra a rede. O Graeff vem rápido, solta os punhos na adriça e na escota de barlavento. Ainda abafando o balão, libero o outro punho.

O Mar, ensurdecedor e furioso, passa urrando por baixo de nós e a florescência dos *noctiluca miliares* ilumina nossos rostos. Estamos a poucos centímetros da água enraivecida e revolta. Passa rápido por minha cabeça que, se um de nós cair do barco naquele instante, pode ser o fim de tudo. Abraçamos ainda mais fortemente o balão molhado com a água salgada do Mar e nos arrastamos sobre ele, levando-o para dentro do paiol de avante. A manobra de proa está concluída.

---

* Para verificação da terminologia náutica, ver Glossário.

O Tatu recoloca o barco no rumo e iniciamos a manobra para abrir a genoa em asa-de-pombo, substituindo o balão. Asa-de-pombo aberta, voltamos para o *cockpit*. O barco navega serenamente outra vez. Nosso rumo é o Novo Mundo.

Sento-me. Estou exausto. Olho em torno e vejo as duas longas esteiras de luz que o barco deixa para trás, a iluminarem nossos rostos sonolentos. Estamos calados. O Mar bravio, com um uivo medonho, mostra toda sua aterradora força. Hoje ele está sensivelmente mais violento. Nas grandes latitudes, o vendaval deve ter destroçado praias e encostas. Suas imensas ondas agora chegam aqui, agigantadas pelo eterno mistério da escuridão de onde viemos e para onde um dia voltaremos. É noite. Somos nada.

Permaneço imóvel. Quieto e reverente, recordo a oração que escrevi não sei quando em homenagem a dois de meus amores: o Mar e o meu barco. Qual cruzamento cúmplice de coordenadas náuticas, na longitude daqueles versos, rendo-me ao misterioso templo criado pelo grande Arquiteto do universo: o Mar. Na linha vertical onde se medem as latitudes, qual mastro sustentáculo das velas – motores propulsores dos veleiros –, reproduzo as sete letras do grande e fiel amigo, companheiro de tantas milhas navegadas: *Molecão*.

Entro na cabine e, emocionado e saudoso, mais uma vez escrevo:

Mergulho em um templo bravio
Oculto, inóspito, eterno
Lúbrico como o inverno
  (mais frio).
E cada vez que se expande
Cala aqui dentro bem cedo
Aquele tenebroso medo
Oh Belo Mar, como és grande!

....

Ainda é tempo de navegar; é tempo ainda de aproveitar as forças que me restam. Até quando, o tempo dirá. Mas ainda há tempo de velejar, com vagar, sim, mas urgentemente. Não sei quando, já não haverá mais como pedir ao tempo que refaça o que desfez.

Ah, o tempo, este voraz e insaciável inimigo do homem, dizem. Nada mais errado, porém. Não é o tempo o inimigo. É o próprio homem. Dizer que o tempo passa, não basta; é quase nada. O passar do tempo é o seu cerne imutável. Mas a forma como ele passa, não é; depende de nós. O tempo, em si, é o fenômeno resultante de um imperativo categórico e natural. Mas seus elementos circunstanciais – à exceção da própria inexorabilidade – são mutáveis. Podem ser transformados pelo próprio homem.

O homem tem algo que o tempo, em seu devorador e irreversível avanço, não pode destruir. Ao revés, é algo que cresce e se fortalece precisamente com o passar do tempo. É como se fosse o contratempo do tempo, seja no sentido de que é sua própria negação – na medida em que não se deixa destruir por ele –, seja no sentido de que é um retorno, verdadeira volta ao passado, porque alcança para trás algo que já passou. Retroage. E o faz invariavelmente para melhor: é a fé.

A fé não é atingida pelo passar do tempo senão que com ele se fortalece. O tempo é o fermento da fé. Ela faz o homem retornar sobre os próprios fatos pretéritos, explicando-os a quem os viveu e não se deu conta das circunstâncias que agora percebe. Esteve com pressa; estava cego. Por isso, o tempo não é o inimigo do homem. Ao contrário, ele é seu aliado porque o amadureceu. Auxilia-o, pelo passar dele próprio, a olhar para trás, mas o faz de forma diferente. Não para chorar o passado, mas para entendê-lo. Não para lamentar o passado, mas para evitar perdê-lo. Numa palavra: para resgatar o passado perdido.

Perdeu-se o que não foi bom. Se deixar de ser mau, no entanto, ainda que só percebido depois, o passado torna-se bom no presente. E aquilo que antes foi dor passa a ser consolo. O tempo não é inimigo do homem. É, sim, o escudeiro que não o larga em circunstância alguma, precisamente porque é inexorável. Mas, afirmo convicto, lembrando Couture: *o tempo vinga-se das coisas que são feitas sem a sua colaboração*. Não o desafiemos, pois. Respeitemo-lo. Saibamos esperar cada coisa a seu tempo. Ele é o aliado e nosso mestre.

....

Agora, volto ao Mar. Estou aqui neste reencontro – demorado e ao mesmo tempo breve –, pensando no Mar e meditando.

O tempo, um dia, já não mais me permitirá as ousadias marinheiras de hoje. Mas enquanto me for permitido fazê-lo, sequer hei de dormir para vivê-las. Devagar, sim, mas urgentemente, como diz o Chico. Tempo virá de se desvencilhar, não porque a força do amor se foi, mas porque a força física já se terá ido. O tempo a terá levado. Será o tempo da delicadeza, porque a dura vida marinheira é o contraponto da fraqueza física. Ainda assim, porém, vez por outra, haverei de reencontrar o Mar, e já não diremos nada. O que ocorreu não carece ser dito; é como se não houvesse ocorrido. Apenas, em silêncio, seguirei como um encantado ao lado seu. O repouso já me terá sido imposto pelo próprio tempo. E este já não poderá refazer o que desfez. Será como a mensagem do náufrago posta na garrafa encontrada na praia. Ninguém sabe quem a fez. Recolho do meu íntimo, aguardando serenamente esse dia, e improviso:

Quando o amanhã vier
E eu já então não puder
Fazer o que agora faço
Sei que a têmpera de aço
Do meu coração marinheiro
Indicará o rumo certeiro
Do porto do abrigo final
Onde nenhum vendaval
Jamais terá sua vez
E no anonimato, talvez
Serei como a mensagem do náufrago
Que ninguém sabe quem fez.

Pois aqui estou, outra vez, no eterno Templo bravio, lúbrico como o inverno mais frio. Desta feita, quando me assalta essa vontade doida de escrever, estou velejando a cerca de oitenta milhas da costa africana do Marrocos, tendo pelo través a longínqua Casablanca. Nossa primeira posição que programei deveria ser N 33.50 e W 008.41, mas abrimos um pouco mais para fora, a fim de escaparmos das incertezas da costa marroquina.

O tempo é bom, o vento sopra de norte (os famosos *trade-winds*) e o rumo é 230 graus. Com o vento entrando em três quartos de popa, estamos velejando a 09 nós. Mais três ou quatro dias e chegaremos ao fim da primeira perna do Atlântico, a Ilha de Lanzarote, no Arquipélago das Canárias, território espanhol, onde iniciaremos propriamente a grande travessia, rumo à América.

A bordo do *Haaviti*, um *catamarã* Nautitec H 475, construído pela francesa Dufour, nossa missão é levar o barco de Palma de Majorca, ilha espanhola do Mar Mediterrâneo, a Sint Maarten, ilha do Mar do Caribe, metade holandesa, metade francesa. Nossa tripulação é constituída pelo Ralph Hennig (o Tatu), o Roberto Graeff e este encanzinado marinheiro.

Nosso porto anterior fora Gibraltar. Naquele ponto final do Mediterrâneo, na Antiguidade, o mundo terminava. Para nós, no entanto, ali o mundo começa. Por isso, alegres e desprendidos, temos vivido com a simplicidade e a camaradagem que a vida marinheira sabe ter, conquanto toda sua dureza.

Acabamos de atrasar nossos relógios em 60 minutos, pondo-os de acordo com a hora oficial GMT.

Cai a noite, o Mar parece crescer cada vez mais. É ocasião para muitos se perguntarem se no fundo, no fundo, não somos três loucos para embarcarmos numa casquinha de noz e enfrentar essa vastidão na qual, por vezes, estaremos a dias, às vezes semanas, apartados de qualquer ponto de terra firme. Lembro versos do João Bosco que dizem:

Mar, os malditos tumbeiros
e as proas do inferno
dilataram teu seio
e ergueram teu pênis de sombra e mistério.
És o homem e a mulher.

Penso na grandeza da expressão *Mar, és o homem e a mulher.* Penso nos tumbeiros que conduzem barcos sem conta, direcionando-os fatidicamente às proas do inferno, para a viagem sem volta. A imensidão do Mar me faz meio sonhador, meio poeta. Em face dele, não sou mais que um ser minúsculo e frágil; quando a ele retorno, lembro sempre: *quem foi ao Mar e voltou, nunca mais será o mesmo.* Terá aprendido a própria insignificância. O Mar, verdadeiramente, nos mostra o que somos. Por isso mesmo, é muito bom estar no Mar, para quem digo, copiando o poeta, *que é duro ficar sem você vez em quando; parece que falta um pedaço de mim.*

....

Tem sido um tempo rico em longas navegadas. No ano passado, a bordo do *Maravida* – lentamente, como convém –, velejei a maior parte da costa brasileira. Desde Parati até Recife, fizemos o total de três etapas durante a primavera-verão.

Já em janeiro do corrente ano, embarcava outra vez naquele magnífico veleiro, desta feita em Natal, para levá-lo ao Caribe. De Natal a Grenada, foi uma viagem tranquila. Claro: zarpamos à 01h da madrugada do sábado, dia 5 de janeiro, ou seja, uma hora depois que terminou a sexta-feira. Em sextas-feiras, não se iniciam grandes navegadas...

Passamos dez dias sem ver terra, o Tatu, dando aulas de pescaria e fazendo sushi; o Joel, cozinhando e expulsando até o comandante da cozinha; o Zeca, filosofando e contando a história do *Maravida*, que ele mesmo construiu; o Mauro, tirando sarro da turma e rindo baixinho; e eu, ajudando a galera como podia a fazer o que eles mais gostavam: nada. Ou quase. Todos faziam algo em comum: muitas risadas, muita gozação. Como aqui e agora no *Haaviti*.

Éramos cinco marinheiros iguais e amigos. Quase nem se notava que o barco, como qualquer outro, tinha um comandante. O Mauro me convidou para a empreitada porque um amigo comum implorou de joelhos para ele me levar. Foi o Fernando Marins, aquele sujeito engraçado, dono do restaurante *Le Bistrot*. O Magrela é muito esperto: enquanto eu navegasse, não iria ao restaurante para dar palpites, como sempre faço...

Lá pelas tantas, o barco virou uma biblioteca, com todos nós – os cinco intelectuais da ocasião – lendo, horas a fio, todo tipo de literatura, principalmente a de natureza náutica. Entre tantos, li um livro maravilhoso, presente do meu caçula Rafael: *O dia do Coringa*, do Jostein Gaarder. Como convém, navegar é um permanente convite à leitura. Com ela, guardam-se dois ingredientes em comum: não se tem pressa e tem-se todo o tempo do mundo.

No final, ancoramos em *Prickly Bay*, Grenada. Havíamos completado, desde Natal, exatamente, 2.001 milhas marítimas. Logo chegariam a Magra e a Ruth e faríamos, ainda, um belíssimo cruzeiro de dez dias pelas ilhas ao norte, rumo a San Vincent.

Ainda no decorrer de 2.000, integrei a tripulação do *Shogun*, do Marcelo Caminha, levando-o, na companhia do Joel Rosa e do Marcos, de Florianópolis para Porto Alegre. Foi bom demais. Eu não havia, antes, tripulado aquele barco e nunca navegara com o Marcelo e o Marcos, grandes parceiros, grandes marinheiros.

O mesmo trajeto fizera em outubro do ano anterior, juntamente com o Manotaço e o Zeca Rizewski, tripulando o *Maragato*. Por sinal, esta foi a pior viagem de toda minha vida marinheira, pior ainda que a inesquecível regata Santos-Rio, de 1991, a bordo do *Madrugada*. No *Maragato*, "chamei o Hugo" desde o meio-dia da sexta-feira, até às três horas da madrugada de sábado. Sem parar! Fiquei quase imprestável. Seria só coincidência? Bem depois, já próximo a Rio Grande, fui dar-me conta de que saíramos de Florianópolis dia 20 de outubro, uma sexta-feira. Acho que só parei de vomitar na semana passada, mais de um ano depois...

E agora, aqui, outra vez. E a convite do Tatu, um tremendo amigo, com quem já fiz grandes navegadas. Apesar de ter idade para ser meu filho, com ele tenho aprendido bastante. Ao fim desta travessia, terei completado, só no corrente ano, mais de seis mil milhas marítimas, sem contar as navegadas a bordo do *Molecão*, no Guaíba e na Lagoa dos Patos. Acho que é uma boa marca para o ano. E quando eu voltar, ainda haverá um resto de dezembro antes que acabe 2.000...

2
O MEDITERRÂNEO: DAS ILHAS BALEARES AO ESTREITO DE GIBRALTAR

EUROPA

ÁFRICA

MAJORCA

SAÍDA
18 DE OUTUBRO

19 DE OUTUBRO

GIBRALTAR

22 DE OUTUBRO

ISLA GRACIOSA

Ilhas Canárias

OCEANO ATLÂNTICO

ESTADOS
UNIDOS

CUBA

SINT MAARTEN

BRASIL

Via Madrid, cheguei a Majorca no dia 12 de outubro, quinta-feira. Uma semana antes, recebera um telefonema de Burlington, Vermont, nos Estados Unidos. Era o Tatu. Convidava-me para uma travessia, de Palma de Majorca a Sint Maarten, no Mar do Caribe.

Minha resposta só poderia ser uma: em que dia deveria estar lá? Afinal de contas, não é verdade que estamos sempre a não mais de 24 horas de qualquer lugar do mundo? Não é verdade que a irremediável sedução do Mar é mais forte do que a nossa própria vontade? E será raciocínio caótico que também é líquido amniótico a água do Mar salgado? Dele, um dia viemos. Para ele, a todo instante queremos voltar. Ele é o útero que nos acolhe.

Muito embora a travessia propriamente dita se iniciasse em Gibraltar, o trecho do Mediterrâneo, que se prenunciava o mais fácil, inesperadamente, foi bem desconfortável. O que pensávamos deveria ser uma só perna Majorca-Gibraltar, em verdade envolveu *stops* ao largo de Ibiza e em Denia. Ocorre que o vento era oeste – bem de proa, pois – e decididamente catamarã não anda no contravento. Bate muito, joga tudo o que pode e não vai em frente.

Penso como os franceses: barco a vela não foi feito para andar em contravento; se os navegantes da velha Gália encontram vento de proa, simplesmente arribam, viram de popa e nem estão aí para a perda de tempo que isto vai impor. Mas os franceses é que são assim...

Já estivera em Majorca seis anos antes, durante a 13ª Copa do Rei. Naquela ocasião, juntamente com o Sergio Neumann, a Caroline, a Cristiane e o Norton Aertz, fomos buscar, em *Cap d'Age*, no Golfo de Lion, costa francesa do Mediterrâneo, um barco alugado pelo Serjão que correria a famosa regata com o nome do *Madrugada*. No final da regata, o Alexandre Rosa, o Guilherme Roth, o Manfredinho Frolicke e eu, antes de levarmos o barco de volta para a França, tomamos todo o champagne que havia em Palma: era aniversário do Manfredão.

De lá para cá, passados apenas seis anos, é impressionante a verdadeira explosão urbana ocorrida naquela ilha. Como lá se diz, os europeus – principalmente os alemães – invadiram aquela extensão do território espanhol, para ali levando seu dinheiro, sua gana de viajar, seu gosto de veranear e evidentemente o intento de bem aplicar seu rico dinheirinho. Que, aliás, não é pouco, como pude constatar. O trânsito tornou-se mais intenso, as ruas cheias de gente, o barulho tomou conta de tudo, a tal ponto que quase não saímos enquanto lá permanecemos. O Tatu, por exemplo, nem mesmo quis conhecer as estupendas Cuevas de Drac, que eu visitara na vez anterior.

Em Palma de Majorca se assiste, com traços bem vivos, justamente pela inexistência de qualquer vínculo entre as pessoas, o desaparecimento do antigo e identificador conceito de vizinhança, a consciência de pertencer. Nota-se que, ali, a modernidade tomou conta de tudo.

Se é verdade que ainda existem vestígios históricos do que foi a ilha na idade média e até na pré-história, não é verdade menor que os enormes conglomerados humanos, empilhados, têm destruído grande parte desta mitológica terra. E isso, tudo indica, é um caminho sem volta...

Por ali passaram otomanos, árabes, romanos e outros conquistadores. Marcaram a ferro e fogo sua presença, deixando traços de suas culturas. No interior da ilha, longe da fúria urbanizadora que busca a região costeira para expandir-se, ainda existem pequenos povoados de tempos imemoriais, que antes visitei. Mas a ilha, como um todo, agora abriga milhões de habitantes. Falam em milhões, mas ninguém sabe ao certo quantos são.

Quando se pensa que na metade do século XVIII – e, em termos históricos, isso foi ontem – só havia, em todo o mundo, três cidades com mais de um milhão de habitantes – Cantão, Londres e Constantinopla, hoje Istambul –, é difícil admitir-se que existam no mundo atual cerca de sessenta cidades com mais de cinco milhões de habitantes. Destas, nada menos do que quarenta e cinco situam-se no denominado terceiro mundo. E as condições em que ali se vive, sabe-se quais são.

Hoje, nada menos do que um terço da população mundial vive em cidades com mais de cem mil habitantes. É a massificação do urbanismo em irreversível marcha.

É patético que as urbes sempre cresceram num ritmo mais rápido do que as pequenas localidades interioranas. Nos Estados Unidos da América do Norte, onde a estatística sempre foi moda, as cidades com mais de oito mil habitantes cresceram, no século passado, cinco vezes mais depressa do que o país como um todo. A partir do fim do século XIX, os primeiros edifícios de concreto armado começaram a ser erguidos. Menos de meio século depois, com a construção de prédios a partir de armações de aço, iniciou-se a era dos denominados arranha-céus (*skyscrapers*).

Fora instalado na Torre Eiffel, e plenamente aprovado, o moderníssimo elevador hidráulico. E já estando em testes o elevador impulsionado por energia elétrica, o primeiro grande edifício brotou do chão, em Chicago, ainda antes do século XX. Poucos anos depois, com a imensa valorização imobiliária urbana ali operada, Nova York viu nascer seu primeiro arranha-céu. E apenas decorrido mais um lustro, mais de trinta novas edificações do gênero foram erguidas naquela metrópole. Acabava de se instalar a cultura do apartamento que, rapidamente, espalhou-se pelo mundo inteiro.

Se os edifícios em concreto tinham limitações de altura e deveriam ser construídos no sistema piramidal – o tope bem mais estreito que a base –, agora eles se apresentam, de alto a baixo, com a mesma área horizontal ocupada. Com isso, as paredes perderam a função de sustentação e passaram a ser meros abrigos em favor da privacidade e em defesa contra a intempérie. Não mais integram os prédios como sustentação estrutural.

Ninguém segura o progresso. Viver na grande cidade propicia felicidade. E é o que todos buscam: proximidade com os meios de comunicação, acesso ao estudo e à cultura, possibilidades de trabalho, melhores ganhos, mais segurança social. Enfim, conforto.

Enquanto isso, as populações abonadas fazem a viagem inversa: saem dos aglomerados urbanos e vão viver nas cercanias das grandes cidades. Não suportam mais a poluição do barulho, da fumaça, dos congestionamentos dos veículos, das multidões. Os países restantes, de um modo geral, outra vez seguem o modelo: os que podem, fogem dos grandes centros.

E é assim que está Palma de Majorca: belíssima e irrespirável. Irreversivelmente. Todos foram para lá porque era longe da cidade. E o que era rural virou um monstro urbano.

Cada vez mais, os paraísos terrestres ficam distantes. Veja-se o caso da antes paradisíaca Bombinhas, em Santa Catarina, um dos mais belos lugares que conheci. Hoje, durante a temporada, quem não chegar à praia antes das dez horas da manhã simplesmente não encontra, sequer, lugar para sentar-se na areia! E as altas edificações já tomaram conta de tudo. Por lá, na temporada de verão, não passo mais. Nem de barco.

Ficamos em Palma de Majorca até a semana seguinte, durante a qual aguardamos um conserto no balão e uma peça do mastro que fora encomendada na França. Aproveitei o tempo para ler, correr, fazer ginástica, comer e dormir. Que remédio!

Nesses dias de plácido ócio, li um livro que todas as pessoas civilizadas deveriam ler: *Mutant Message Down Under – A Woman's Journey into Dreamtime Australia*. Nele, a médica e escritora Marlo Morgan descreve sua *"mystical journey"* com os aborígenes australianos.

Este antiquíssimo povo encontra-se em fase de autoextinção por julgar que já não há lugar para ele no mundo dito civilizado. E pelo que me foi dado a ver quando visitei, recentemente, aquele belíssimo país, creio que a decisão procede. Os lobos dos homens, os próprios homens, invadiram aquelas terras, roubando-as dos aborígenes como, ao longo da história, o fizeram os conquistadores em geral. Mais modernamente, sob a mais sofisticada forma de conquista: a dominação econômica.

A anterior escravização e a atual discriminação contra os aborígenes são hoje mascaradas por um tardio arrependimento. No entanto, isso em nada melhora a situação daquela pobre gente, considerada os mais antigos habitantes do planeta. Nem mesmo entregando a uma aborígene a suprema honra de incendiar a chama olímpica dos Jogos de Sydney do ano 2.000, consegue-se disfarçar a repugnante discriminação que os nativos da terra ainda sofrem e que testemunhei com meus próprios olhos. O homem branco sente-se ainda *superior*...

Fenômeno idêntico nos aguarda nos próximos dias, quando aportarmos nas Canárias, onde os guanches foram quase exterminados pelo "civilizador". Este, ao chegar lá, surpreendeu-se não só com a existência daquele povo naquelas remotas ilhas, mas também com os padrões éticos, religiosos e sociais dentro dos quais os selvagens viviam.

Do outro lado do Mar Oceano, no final da jornada, no Caribe, presenciaremos, ainda uma vez, a patética situação dos negros, arrancados à mãe África e levados para o cativeiro a fim de fazerem a riqueza dos donos de imensos canaviais, ainda hoje existentes. O homem é o lobo do homem. Não o tempo.

Quinta-feira, 19 de outubro.

Rumo a Gibraltar, saímos às 16h de quarta-feira. A noite foi toda de contravento. Mar duro. Estávamos desconfiados do tal catamarã. Nenhum de nós havia antes navegado em barco desse tipo, que mais parecia um cavalo xucro: pula, dá solavancos e não anda para a frente.

Às 05h 30min da manhã desistimos: arribamos para a Ilha Conejera, ao lado de Ibiza, onde, na posição N 38.59.05 e E 001.12.67, largamos ferro para podermos tirar uma pestana. Mais tarde, fomos dar uma banda na pequena ilha, lindíssima, selvagem, completamente desabitada.

Tentamos outra vez, mas o Mar não estava para peixe. Buscamos o continente, arribando até o Porto de Denia, na costa continental espanhola, na posição N 38.50.8 e E 000.07.6. Ali pernoitamos. Recebemos a visita do guarda da Marina, o Hamed, ex-jogador de futebol, que nos fez uma interminável pregação acerca do islamismo. Ele é marroquino e, portanto, muçulmano. O discurso foi tamanho e tão empolgado que quase me converti...

Nessa mesma noite, telefonei para a Magra, cumprimentando-a pelo aniversário. Ela estava no *Le Bistrot* com a turma veleira, comemorando a data. Só imagino que festão! Mas aposto que não foi melhor do que o do ano passado. Pelo menos eu estava lá... O do ano que vem, festejaremos no A *Taberna*, do Mauro Panitz.

Em Denia, haveríamos de aguardar até que melhores condições de Mar permitissem prosseguir. Ao contrário do que se ouve aqui e ali, nem sempre é fácil velejar no Mediterrâneo. Ele tem peculiaridades muito próprias; vêzes sem conta, têm surpreendido navegadores desprevenidos que saem por aí sem conhecimento do que podem encontrar pela frente.

....

Para quem navega pelo Mediterâneo, o primeiro importante aspecto a ser considerado é o de suas correntes. Em nosso caso, por exemplo, próximo ao Estreito de Gibraltar, nos defrontamos com correntadas muito velozes que dificultam a progressão no rumo oeste. O mesmo ocorre nos Estreitos de Bósforo e Dardanelos em que há fortes correntes em virtude de influências do Mar Negro e do Mar Egeu, respectivamente.

Ditas correntes decorrem do fato de que os rios que desembocam no Mediterrâneo despejam água em quantidade bem menor do que a por ele evaporada ao longo de sua extensa superfície. Essa diferença de volume d'água é compensada pelo Oceano Atlântico, que joga suas águas dentro do Mediterrâneo precisamente pelo Estreito de Gibraltar. E essa descarga líquida gera, obviamente, enormes fluxos d'água que correm, assim, de oeste para leste, ao longo da parte norte da bacia ocidental.

Outro fenômeno, ou melhor, fenômenos bem típicos do Mediterrâneo são os seus ventos que, por vezes, se mostram fortíssimos, levantando ondas tão grandes quanto as dos Oceanos propriamente ditos. Muito embora o clima seja geralmente ameno, com a maioria dos ventos fortes e das chuvas ocorrendo no seu curto inverno, quando estes aparecem, fazem-no com marcante força. Entretanto, toda a região está livre dos famosos *tropical storms* que, com diferentes denominações, assolam várias regiões do planeta. No Mediterrâneo, não há furacões, tufões e outras tragédias dessa ordem. Apenas ventos muitíssimo fortes, como tive ocasião, em algumas vezes, de presenciar.

Constituindo-se geograficamente de duas profundas bacias bem definidas, o Mediterrâneo ocidental vai de Gibraltar até a cadeia de montanhas submersas (*ridges*) que liga Europa e África, através da Itália continental, Sicília, Malta e Tunísia. E a metade oriental começa aí e vai até o denominado oriente médio, a saber, as costas da Turquia, Síria, Líbano, Israel e Egito.

No verão, a bacia ocidental recebe a alta pressão do Atlântico norte, que nasce próximo ao Arquipélago dos Açores. A sua vez, a bacia oriental sofre influência da baixa pressão que se origina do fenômeno das monções, muito comuns no Oceano Índico. O resultado é que todo o sistema climático mediterrânico corre de oeste para leste, isto é, da região de alta pressão para a de baixa pressão.

Disso tudo, em combinação com a influência da massa de terra do continente europeu, resulta que os ventos predominantes na bacia ocidental são noroeste, os do Mar Egeu são de norte e os da bacia oriental tendem a ser de nordeste. Já experimentei todos eles em diferentes ocasiões e as experiências não foram totalmente agradáveis.

Além dessas predominâncias genéricas, há no Mediterâneo diversos tipos de ventos ainda mais definidos, que variam conforme a região em que se localizam, como o Mistral, o Sirocco, o Levante, o Meltemi. O Sirocco, por exemplo, com o qual já naveguei na costa sul da França, parte da África, atravessa o Mediterrâneo de sul para norte, e faz com que a areia do Deserto do Saara, que carrega consigo, transponha os Alpes e alcance a Bélgica, do outro lado da cadeia montanhosa centro-europeia.

São, todos eles, ventos que em certas épocas do ano sopram com intensidade muito forte e precisam ser tomados em consideração para quem navega.

Na região próxima a Gibraltar, bacia ocidental, portanto, aos ventos de oeste-noroeste adiciona-se a grande corrente resultante da antes referida descarga d'água do Atlântico. Isso torna a navegada muito dura para quem demanda o oeste: é vento na cara somado à corrente contrária. Tal é o nosso caso agora.

Sexta-feira, 20 de outubro

O vento parou. Levantei bem cedo e aproveitei para correr pelos belos trapiches da Marina em que atracáramos. Recém-inaugurada, tem capacidade para quinhentos barcos, muito embora a cidadezinha de Denia, ali perto, não tenha mais do que quinze ou vinte mil habitantes.

Às 09h, saímos. Passamos pelo través de Villajoyosa às 14h, e na madrugada de sábado alcançamos Cartagena. Nosso rumo magnético é 228 graus e andamos a 6,6 nós de velocidade. Está frio e uma chuva miuda aos poucos se vai transformando em espessa cerração. São os famosos nevoeiros mediterrâneos que se tornam cada vez mais densos até Gibraltar. Ao alvorecer, o vento retorna forte. Como é bem de proa, nossa velocidade reduz-se para 04 nós. Por isso, temos que arribar 20 graus para bombordo (rumando, pois, em 208). A velocidade melhora 01 nó. O Tatu me brinda com uma maravilhosa panqueca, feita na hora, que me acompanhará no quarto que se inicia. Marinheiro mal alimentado é forte candidato a enjoos.

Ao meio-dia, cai o vento, sempre temperamental, e retornamos, então, para o rumo original de 228. Às 19h, a 119 milhas de Gibraltar, passamos a avistar campos e mais campos, com suas coberturas completamente brancas. São estufas para produção de alimentos. Apesar do solo predominantemente seco, é rica a agricultura da Espanha.

Domingo, 22 de outubro.

A previsão é ainda de vento frontal e com a indesejada velocidade de 30 nós. Não pode ser pior. No entanto, para sorte de todos, a previsão "furou" e apenas fez-se presente uma grande chuvarada. E nada mais que isso; ainda bem. Era a primeira das previsões furadas, sempre a nosso favor, é claro. Que bom...

Eu estava de quarto quando o dia começava a nascer. Havíamos ultrapassado Málaga na madrugada e nos encontrávamos, agora, no través de Torremolinos. O céu vai-se abrindo, a lua é minguante e os primeiros sinais do novo dia aparecem no horizonte. Estamos a 49 milhas de Gibraltar, onde o mundo terminava. Depois dali, para os antigos, nada mais havia.

Após 459 milhas, desde Palma de Majorca, atracamos em Gibraltar, na Marina Bay, a poucos metros da pista do aeroporto local, na posição N 36.08.94 e W 005.21.41. São 14h 30min do dia 22 de outubro do ano 2.000. Descontados os quebrados, de Majorca a Ibiza foram 83 milhas, a Denia foram mais 42, a Palos mais 82, a Gata 89 e finalmente mais 162 para Gibraltar.

Gibraltar é uma colônia inglesa inquistada em pleno território espanhol, com autogoverno dirigido através de uma *House of Assembly*. É uma cidade portuária que vive fundamentalmente do turismo e do fato de ser um paraíso fiscal. Embora a língua oficial seja o inglês, fala-se também, de um modo geral, o espanhol. A população é uma mescla dos povos mediterrâneos formada por árabes, judeus, marroquinos, turcos, gregos e, obviamente, muitos espanhóis e ingleses. Vi também muitos hindus, com suas lojas abertas até tarde da noite, inclusive nos fins de semana.

Desde muito longe, no Mar, distingue-se nitidamente a famosa Pedra de Gibraltar, *The Rock*, que antecede a enorme baía que lhe fica a oeste. Nesta, muitos e muitos navios aguardam para atracar no porto. Em uma de minhas corridas matinais pelos arredores, fui até o final da doca comercial e pude constatar ali o intenso movimento de navios.

As três principais marinas de Gibraltar são a Marina Bay, onde ficamos, a Sheppard's Marina, adjacente àquela, e a Queensway Marina. Todas elas, muito bem abrigadas, têm bons restaurantes e contam, ainda, com meios suficientes para prover a manutenção dos barcos que ali aportam.

Durante nossa estada, fomos ao grande monte, via teleférico, e no retorno preferimos a pernada morro abaixo. Lá em cima, visitamos os macacos de Gibraltar e o famoso Europa Point onde, segundo a tradição histórica, o mundo terminava. Segundo a lenda, a caverna existente entre a região dos macacos e o Europa Point comunica-se com a África por um túnel submarino. Através desse túnel, os macacos de Gibraltar teriam alcançado o continente europeu. Pelo sim, pelo não, a verdade é que no Marrocos, do outro lado do Estreito, vivem macacos daquela mesma espécie...

Quinta-feira, 26 de outubro.

Partiríamos no dia seguinte. Lembramo-nos, porém, de que seria uma sexta-feira e, em sextas-feiras, não se começa qualquer grande navegada, eis a crença incrustrada na alma dos navegantes! Inclusive na minha...

3
A COSTA AFRICANA:
DE GIBRALTAR AO
ARQUIPÉLAGO DAS CANÁRIAS

ESTADOS
UNIDOS

EUROPA

ÁFRICA

MAJORCA

SAÍDA
18 DE OUTUBRO

19 DE OUTUBRO

GIBRALTAR

22 DE OUTUBRO

ISLA GRACIOSA

2 DE NOVEMBRO

Ilhas Canárias

OCEANO ATLÂNTICO

BRASIL

SINT MAARTEN

CUBA

Sábado, 28 de outubro.

Rumo às Canárias, zarpamos às 10h da manhã, deixando para trás o Velho Mundo. Já não era sem tempo. Como são aborrecidos os últimos momentos da espera em terra. Quer-se entrar logo no templo do Mar salgado.

Aqui estou, já preparando um suculento arroz com galinha, que os três comeremos até raspar a panela. Só para exagerar, foram consumidos cinco tomates, dois pimentões, doze coxas de galinha e todos os temperos que encontrei a bordo. Um manjar dos deuses. Mas estou achando que essa alemoada não gostou muito: não tinha batata...

Às 16 horas já não há terra por boreste. Já não se vislumbra mais a Europa. O continente africano, no qual avistamos a cidade de Tanger, vai-nos acompanhar por bombordo até perder-se de vista, já no Mar alto. Durante a noite, um belo velejaço, com vento bem favorável. Finalmente, estamos num veleiro!

Domingo, 29 de outubro.

Amanhece, não vemos terra alguma. Até a noite estaremos no través aproximado de Casablanca, na costa marroquina. Para garantir o afastamento da costa, sempre desejado, marco na carta um novo *way-point* em 33.15 N e 010.11 W que é atingido à 01h de segunda-feira, dia 30. Estou nessa ocasião de quarto, o rumo é 230 graus, a velocidade real é de 7,5 nós (não temos *log de hélice*; marcamos tudo por GPS). O vento é norte, 20 nós. O Mar está mexido. A maior rajada até agora é de 28 nós o que, para vento de popa, é ainda suportável. A pressão atmosférica é de 1033 milibares. O tempo pemanecerá estável. Não há previsão de temporais.

Com menos de dois dias de navegada, estamos, agora, a 321 milhas de Lanzarote, Arquipélago das Canárias.

Quarta-Feira, 1º de novembro.

Até aqui, tudo corre praticamente igual: comer, dormir, acordar, entrar de quarto, ler, quando se aguenta, dormir outra vez, verificar o vento, que sopra sempre da mesmíssima direção. As velas raramente são trimadas. O ambiente a bordo é ótimo. Nenhum de nós faz contas de quanto dormiu, de quanto trabalhou, do que o outro fez ou deixou de fazer. Somos um time coeso, unido. Numa palavra, somos três marinheiros com um só objetivo: a grande travessia que se iniciará propriamente nas Ilhas Canárias. Cumpriremos, assim, a missão de entregar o barco no Caribe até o dia 20 de dezembro. Sem estresse de qualquer ordem, não temos pressa em nos livrarmos um do outro. Nem do barco.

Cai a noite e nos aproximamos de Lanzarote, a mítica ilha mais setentrional do Arquipélago das Canárias. Ou seja: deixamos, dias atrás, as ilhas espanholas do Mediterrâneo e agora estamos quase aportando nas ilhas atlânticas da Espanha.

O Arquipélago das Ilhas Canárias situa-se a oeste do Marrocos, recebendo do continente africano o bafejo árido do deserto saárico. A terra é seca, não só pela influência do clima, mas sobretudo pela enorme atividade vulcânica que dissipou, como em Lanzarote, por exemplo, toda a vegetação ali existente. Assim, a policromia das cores estende-se desde a alvura da areia de praias paradisíacas até o fortíssimo negro dos restos vulcânicos que, aqui e ali, nem são tão restos assim: naquelas paragens, ainda há vulcões em atividade.

Até seu descobrimento pelos europeus, as ilhas eram habitadas pelos guanches, povo pacífico, politicamente organizado, com atividade agrícola bem desenvolvida. Por praticarem a mumificação de seus mortos, há teorias que os ligam aos egípcios. Outras teorias situam sua origem nos vikings, passando pelos gregos, romanos, fenícios e cartagineses. Mais recentemente, passou-se a considerá-los oriundos da África. Teriam chegado às ilhas ao redor do século I AC*.

As Canárias eram visitadas pelos fenícios e Plínio, o Velho, ao redor de 60 AD, noticia uma expedição mandada às então denominadas Ilhas da Fortuna. Durante séculos, a Ilha de Hierro, a mais ocidental do Arquipélago, foi considerada o fim do mundo, ou seja, o extremo oeste do mundo conhecido. Isto ocorreu depois, portanto, da época em que este limite era Gibraltar. Assim, quanto mais vamos para o oeste, mais parece que estamos navegando para o fim do mundo...

Após o descobrimento, os guanches foram escravizados e, depois, quase exterminados pelo colonizador "civilizado". Mais ou menos o que fez Cortez no México e outros tantos descobridores ao redor do mundo. Aliás, não consigo atinar com essa mania dos historiadores chamarem "descobrimento" a chegada do homem europeu a terras que, embora por este desconhecidas, já eram habitadas.

O Arquipélago é uma região autônoma, pertencente à Espanha, tendo seu próprio parlamento. Divide-se em duas províncias, a de Gran Canaria e a de Tenerife. A primeira compreende as ilhas de Lanzarote, Fuerteventura e Gran Canaria; a outra, as ilhas de Tenerife, La Gomera, La Palma e El Hierro. Todos por lá denominam a pátria mãe continental simplesmente como "a Península". Muito embora a língua oficial seja o espanhol, fala-se também o inglês e, não raro, o alemão, principalmente, e o francês.

Possuindo no total cerca de 1.500 quilômetros de costa de clima eternamente primaveril, o Arquipélago passou a ser visitado por expedições científicas, a partir dos séculos XVIII e XIX. Buscavam

---

* Para um bom estudo acerca dos guanches, recomendo *The Guanches, Survivors and their Descendants,* de Jose Luis Concepcios, Ediciones Graficolor S. L., 13ª edição, 1999.

conhecer sua flora, exótica e abundante, e, ao mesmo tempo, desvendar sua peculiar paisagem vulcânica. Com o passar do tempo, tornou-se destino permanente dos europeus em busca da saudável amenidade de seu clima. Lá, não ocorre muito calor nem frio intenso. Jamais.

Quinta-Feira, 02 de novembro.

Ainda transcorreria toda a noite e parte do dia para chegarmos à Ilha Lanzarote. Decidimos, então, arribar e tentar Isla Graciosa, onde um bem abrigado ancoradouro – La Sociedad – poderia ser boa pedida. Ali chegando, ultrapassamos a completa escuridão do aparente desfiladeiro, o Estrecho del Rio, situado entre Graciosa e Lanzarote, e fundeamos. O ferro garrou. Manobramos mais para o fundo da Marina. Saímos. Mais uma tentativa. Desistimos. E já estávamos ensopados até os ossos.

Rumamos para o sul e conseguimos muito bom ancoradouro na Bahia de Salado, não sem antes, com o máximo cuidado, contornar o perigo submerso ali existente: rochas logo abaixo da superfície d'água que se estendem para o leste da baía. Com a ajuda do radar, que eu ditava para o Tatu de dentro do barco, fundeamos bem próximos da praia na posição 29.13.45 N e 013.30.77 W.

São 5 horas da madrugada de quinta-feira, 02 de novembro. Ainda não dormi esta noite. Isso em nada me preocupa porque haverá sempre tempo de fazê-lo depois. Agora, o que eu quero mesmo é tomar uma chuveirada quente e trocar esta roupa molhada...

Decididamente, estamo-nos especializando em entradas noturnas em portos e baías. Ao que parece, só para contrariar. Na verdade, tudo isso é pura coincidência que nos tem feito chegar aos ancoradouros durante a noite. Ainda assim, não aconselho tal situação para ninguém; é algo que deve ser evitado.

A Isla Graciosa tem cerca de 6,5 quilômetros de comprimento e três quilômetros de largura. De formação vulcânica, apresenta quatro cones, o mais alto dos quais com 265 metros de altura. Lá se abrigam dois pequeníssimos vilarejos de pescadores: La Sociedad (onde tentamos o primeiro fundeio) e Pedro Barba. Ainda bem primitiva, não possui estradas. É, no dizer dos habitantes da vizinha Lanzarote, uma ilha de *sueños*.

Pela manhã, saímos para Lanzarote onde, para variar, e uma vez mais confirmar a presença do *Pé-quente*¨, conseguimos não o único lugar no Puerto de Naos, mas uma vaga inexistente porque nenhuma havia! A Marina estava lotada. Jamais vira algo assim: saltei do barco no trapiche, dirigi-me ao *Señor* Juan, um velhinho simpático responsável pela Marina, perguntei por vaga para o barco e ele foi logo me dizendo que ia dar um jeito. Convocou dois ou três tripulantes de outros barcos e saiu desfazendo amarras, empurrando barcos para um lado e outro até abrir uma vaguinha, até então invisível, que nos permitiu, a muito custo, ficar espremidos entre dois pequenos barcos.

Quando nos amarramos, foi uma festa: logo ficáramos sabendo que os inúmeros barcos ancorados ao largo, em verdade, aguardavam vaga para aportar... no trapiche!

Nossas coordenadas eram 28.28 N e 013.32 W. Que milagre foi esse, não me perguntem: é claro que o *Pé-quente* está a bordo, escondido em algum porão por aí. Quando menos se espera, ele vem nos ajudar.

Permaneceríamos em Lanzarote até a semana seguinte, tempo durante o qual conheceríamos a inesquecível Isla de los Cien Vulcanes, com algumas das paisagens mais intrigantes de que me lembro. Não é por nada que, em uma de suas praças, encontramos, de autor desconhecido, a inscrição insculpida na pedra: *pensaba agotada mi capacidad de asombro hasta que visite Lanzarote*. Pois eu igualmente pensava esgotada a minha.

Guardadas as proporções, seria, pelo inusitado, algo comparável à Capadócia, na Turquia, com suas incríveis cidades subterrâneas. Pelo

---

** O *Pé-quente* é um ser etéreo que sempre me acompanha nas navegadas que faço. Ele viaja escondido em algum lugar dos barcos que tripulo. Quando menos se espera – especialmente quando a coisa está osca –, ele aparece para resolver o problema. E resolve...

exótico, lembrei Petra, na Jordânia. Quem sabe, pela tremenda força da natureza, os cânions do Hawai e seu vulcão Kilauea, em atividade há milênios. Também pode ser que, pela sua imponência, recordasse os fiordes próximos a Bergen, na Noruega, ou ainda, pelo vivo que se mostra, a incrível cidade de Rotorua, na Nova Zelândia, com seus gases que escapam do ventre da terra e se projetam para o alto em enormes esguichos. Além disso, pela beleza selvagem, as ilhas da Polinésia Francesa, especialmente Bora-Bora, o verdadeiro paraíso terreno. Ou o Valle de la Tranquilidad, de Timanfaya, lembraria o profundo silêncio da Geleira San Rafael, na Patagônia chilena, ou o do deserto do Saara? Ou, pelo mistério em que parece envolvido, lembraria as pirâmides do Egito ou a Esfinge? Ou lembraria, pela magnitude, a Muralha da China?

Podem parecer, todas estas, comparações exageradas, desproporcionais, fruto da imaginação. De qualquer forma, elas espelham a grandiosidade de tudo que ali se vê. E para quem está no Mar, a imaginação não tem limites. A semana seria de grandes surpresas: mostraria que nossa capacidade de assombro é mesmo inesgotável.

Sexta-Feira, 03 de novembro.

Recebo telefonema da Magra. Ela chegará às 19h, procedente de Madri, via Gran Canária. Já não há mais voos Madri-Lanzarote. O remédio era ir para Palma de Gran Canaria, a capital, e ver o que aconteceria por lá. Aconteceu: ela acabou chegando em Puerto Naos no mesmo dia em que desembarcou em Madri. Agora somos quatro no barco. Chegou, portanto, mais um cozinheiro, ou melhor, aquela insuperável cozinheira e inigualável cara-metade.

A recepção à Magra não poderia ter sido melhor. O Graef preparara um soberbo jantar em homenagem ao aniversário dela, ocorrido quando estávamos aportados em Dênia. Brindamos à data com algumas garrafas de champagne; é a melhor maneira de se comemorar qualquer acontecimento festivo. No dia seguinte, iniciaríamos a série de passeios que faríamos pela paradisíaca Lanzarote.

Lanzarote é uma ilha realmente encantadora; faz jus à fama que tem. Medindo cerca de 50 quilômetros de comprimento por aproximadamente 16 quilômetros de largura, ela possui mais ou menos a área da Ilha de Santa Catarina. Sua população permanente é de cerca de 60.000 habitantes que se espalham por muitas vilas erguidas por entre vulcões adormecidos e vales calcinados. A população flutuante deve ser muitíssimo maior, pelo que se vê do movimento de trânsito nas ótimas estradas que a cortam por todos os lados.

Aqui o ponto: o melhor modo de percorrer-se a ilha é alugar um carro e sair pelo meio dos profundos vales e enormes montanhas vulcânicas que dominam o ambiente. Foi o que fizemos. E pudemos constatar que Lanzarote é a mais bela das Islas Canarias, com uma intrigante paisagem lunar de terra revolvida pelas imensas erupções vulcânicas que sofreu e que, de certa forma, ainda sofre.

A preocupação em preservar Lanzarote é um dos mais fortes aspectos dessa ilha espanhola que o português José Saramago escolheu para viver e sobre a qual ele tem escrito. Graças ao renomado arquiteto Cesar Manrique, falecido em 1992, a ilha é um primor. Em suas ótimas e bem sinalizadas estradas, não existe um só *outdoor*. Isso as deixa meio estranhas ao viajante, acostumado à horrenda poluição visual das estradas no mundo inteiro.

Em Lanzarote, a belíssima arquitetura impõe a todos os prédios a cor branca. Isso sobremodo os harmoniza com o entorno cinza e negro do ambiente. Edificações de mais de três pisos são proibidas. Estranhamente, embora a obra esteja embargada há vários anos, em Arrecife, capital da ilha, há um edifício à beira-mar com cerca de dez andares. Deve ter sido fruto de algum "jeitinho" casuístico, depois revogado... Imagino que o prédio será implodido. Ninguém soube informar como nem quando.

Dentre os inesquecíveis recantos da ilha, destaco o Parque Nacional Timanfaya, a Cueva de los Verdes e o Jameo del Agua. A natureza é impressionante. Dominada, até 1730, por densas matas e povoada de campos verdes, de terras férteis, a ilha experimentou a fúria apocalíptica da natureza pela via infernal da erupção vulcânica, que dizimou prédios e lavouras. Tudo foi soterrado, tudo derreteu nos caudalosos rios de lava que correram sobre a terra e debaixo dela. Marcas desses caudais vulcânicos são vistas aqui e ali no território insular. São uma pálida amostra do que deve ter sido o devastador episódio.

O Parque Timanfaya situa-se na região oeste-sudoeste da ilha, nas denominadas Montanas de Fuego, que ocupam uma área de cerca de duzentos quilômetros quadrados de materiais eruptivos. Os cones ali existentes, cerca de trinta, são testemunhos de um dos mais conhecidos registros do vulcanismo mundial, seja pela quantidade de material lançado às alturas, seja pela grande duração com que o fenômeno operou. Em verdade, segundo a Curia de Yaiza, a hecatombe iniciou-se em setembro de 1730 e terminou somente no dia 16 de abril de 1736. Foram, portanto, seis anos de ininterrupta erupção.

Do alto da Montana Rajada, a 350 metros de altura, tem-se uma das visões mais aterradoras que se possa imaginar; algo que realmente ultrapassa qualquer capacidade de assombro. É o resultado do ocorrido entre 9 e 10 horas da noite no dia 1º de setembro de 1730. Contam que a terra se abriu e de seu ventre brotou, instantaneamente, uma enorme e incandescente montanha de cujo ápice, qual boca horrenda, fogo e lava eram vomitados. Em seguida, a terra tomou a forma de um grande caldeirão e enormes bolhas explodiram com o calor, expelindo lava fervente para o ar. A lava escorreu para os campos mais baixos, até encontrar o Mar. Aí, derramando-se para dentro deste, aumentou o território da ilha, a ela acrescendo novas terras.

Anos antes, eu havia presenciado, ao vivo, o mesmo fenômeno em uma das ilhas do Hawai: o vulcão Kelauea lá estava, como ainda hoje, vertendo fogo e lava, com isso acrescendo dejetos vulcânicos ao território da Big Island e, portanto, também aumentando sua superfície.

Em Lanzarote, o inferno continuou ininterruptamente por mais dezenove dias e, após, com frequência cada vez menor, ainda assim devastadora, por mais seis inesquecíveis anos. Todos os campos restaram calcinados. Com eles, sucumbiram os animais e toda a vegetação, cultivada ou natural. Os arredores transformaram-se em dezenas de grandes elevações cercadas de vales. Alguns poucos, hoje, apresentam-se verdejantes, fruto do trabalho insano daquela gente corajosa que ainda se dá ao luxo de produzir... vinhos!

Ali, até os dias de hoje, a atividade vulcânica se faz presente. Em fendas no chão, os locais jogam galhos secos da vegetação rasteira que, teimosamente, ainda viceja e estes, em contato com o caldeirão da terra, imediatamente se incendeiam. Assiste-se a pessoas fazendo churrasco em bocas de terra das quais o calor vulcânico se desprende. Na ocasião, por sinal, assavam coxinhas de galinha... Em orifícios feitos no chão, baldes d'água são jogados e em poucos segundos a terra devolve o líquido em forma de esguichos ferventes que se elevam a vários metros de altura. Lembram Rotorua, na Nova Zelândia. O vulcão está vivo.

....

Isso tudo me recorda que o último e devastador terremoto ocorrido na Turquia não nos alcançou, à Magra e a mim, por muito pouco: saíramos de Smyrna – epicentro daquele terrível desastre – apenas vinte e oito horas antes dele ocorrer. E nossos parentes e amigos entraram em pânico. Por ignorarmos o terremoto, não havia porque darmos notícias. Morreram dezenas de milhares de pessoas naquela tragédia. E assim, pelo menos, ficamos sabendo que existe um monte de gente que nos estima...

Realmente, estamo-nos especializando nesses *quase-quase*: certa vez, em Luxor, no Egito, terroristas protagonizaram um banho de sangue no templo de Hatshepsut, trucidando um grupo de turistas. Havíamos visitado o templo dias antes. Em Haifa, Israel, anos depois, foi a mesma coisa: passamos por lá num dia e, no seguinte, houve um sangrento atentado terrorista. E nós aqui e agora, outra vez, dando chance para o azar...

Um dos aspectos mais curiosos do Parque Timanfaya é a existência de juncos, plantas características de climas úmidos. Igualmente, surpreende o fato de que, no Islote de Hilario, a energia geotérmica ainda se faz presente. A cerca de dez metros de profundidade, a temperatura alcança nada menos do que 600 graus centígrados.

Um outro lugar merecedor de ser conhecido é a Cueva de los Verdes. Fica do lado oposto da ilha; na região norte-nordeste, portanto. Na parte já explorada, alonga-se por seis quilômetros e é ali considerada uma das mais extensas grutas do mundo. Em virtude de que possui a parte final conhecida já sob o Mar, liga-se, segundo a lenda, ao continente submerso de Atlântida. De acordo com os defensores dessa crença, o Continente Submerso estaria situado no lado oriental das Islas Canarias, precisamente na costa leste de Lanzarote. Falso ou verdadeiro, a longa caminhada de cerca de dois quilômetros que fizemos caverna adentro dá mesmo o que pensar...

Finalmente, para encerrar nossa visita a Lanzarote, fomos visitar Jameos del Agua, belíssimo conjunto arquitetônico que bem combina natureza e intervenção humana. O ponto alto é a ocorrência, em um lago dentro da montanha, de um raríssimo caranguejo branco e cego que só existe ali. É outra surpresa dessa fantástica ilha.

Como viveriam os trogloditas pré-históricos naquelas enormes cavernas, sem quase comunicação direta com o exterior? Não recebiam internamente luz solar. Fico imaginando os problemas de higiene e saúde que enfrentavam com a quase ausência de água. Não que o homem "moderno", que os conquistou e os fez escravos, tivesse condição de vida mais saudável. São conhecidas as condições europeias de saúde e higiene daqueles tempos.

Terça-Feira, 07 de novembro.

Passamos todo o dia de ontem abastecendo o barco para mais uma etapa. As informações são de que não mais encontraremos vaga em marinas. Portanto, compramos o que era mais pesado ou volumoso, tal como água, refrigerantes, leite, gás e outros quejandos.

Saímos na terça-feira, ao meio-dia, e fomos fundear ao sul da Isla de los Lobos, nas coordenadas 28.44.22 N e 013.49.43 S. Esta é separada da Isla de Fuerteventura pelo estreito canal de El Rio. A ilha deve seu nome não aos lobos terrestres, mas aos marinhos que existiam por aqui até serem provavelmente dizimados por caçadores. No entanto, constatei alguma divergência sobre o fato: enquanto o Guia Visual Espanha, editado pela Folha da Manhã, em sua terceira edição (2000), informa a existência abundante dos animais ainda nos dias de hoje, a carta do piloto Atlantic Islands, editada pelo Royal Cruising Club Pilotage Fundation, em sua terceira edição (1999), afirma o contrário, isto é, que os lobos marinhos na região encontram-se extintos. O único dado que pude pessoalmente obter foi com o pescador Juan Carballo que nos informou da inexistência da espécie.

A propósito, é muito séria, em certas ocasiões, a necessidade de se buscar confirmação para o que está escrito. Às vezes, os erros são grosseiros e não raro perigosos. É o caso, por exemplo, do que se lê à página 141 do Atlantic Islands antes referido: somente pela mania de tudo conferir e reconferir, especialmente com relação a entradas noturnas em portos, abrigos e barras, pude verificar que as longitudes informadas na carta sobre La Sociedad, em que tentamos o fundeio pela madrugada, contém um erro de três graus! Em outras palavras: quem plotar a entrada naquele porto pela referida carta do piloto vai errar por "apenas" 180 milhas. E o que é pior, pois muito mais perigoso: seguirá para um ponto situado a oeste da ilha, porque o erro é de três graus a mais; na longitude, portanto. E o porto fica no lado leste da ilha. Corre-se, pois, o risco de encalhar na costa ou colidir com os ameaçadores rochedos ali existentes. Ou, no mínimo, perder-se, Mar afora, buscando um ponto a 180 milhas dali...

Há que se fazer, sempre, a própria navegação. Para isso existe esta maravilha tecnológica que é o GPS.

A ancoragem na Ilha foi muito fácil, pois o fundo é de areia. Deu-se bem próxima da costa, toda constituída de pontiagudas e perigosas pedras. Mas foi extremamente incômoda: como sempre, ao sul destas ilhas, o Mar de fundo é pronunciado e o balanço das embarcações é muito forte. Não por nada, além de nós, apenas mais um catamarã americano e um veleiro alemão estavam ali ancorados. Este, especialmente por ser monocasco, corcoveava como poucas vezes vi ocorrer com barcos fundeados em baías. Chego a pensar se estarei descobrindo algumas vantagens dos catamarãs sobre os monocascos. Ou se começarei a vencer a inicial restrição que todos nós temos em relação ao desconhecido...

Quarta-Feira, 08 de novembro.

A Magra, o Graef e eu fomos à terra, remando o dingue até um pequeno *pier* ali existente. Encontramos o pescador Juan Carballo, antes referido, o único ali presente. Além de sua própria casa, mostrou-nos boa parte da ilha, especialmente as denominadas lagunitas, formações rochosas baixas que se enchem d'água por ocasião da maré cheia. Naquele momento, elas começavam a devolver ao Mar a água com que a maré alta as enchera. Beleza única.

Sempre conduzidos pelo atencioso Juan, estivemos também na pequena e aprazível vila de pescadores, onde dezenas de gaivotas faziam a festa com os restos dos peixes que, na ocasião, eram estripados por moradores locais.

Às 15h, após termos conduzido o Juan de volta à terra e dele nos despedido com um aperto no peito (ele havia ido a bordo para uma amistosa cervejinha), partimos para o sul, no rumo 165 graus, costeando o lado oriental da ilha de Fuerteventura. O vento era favorabilíssimo e o dia estava bonito. Andávamos a mais de oito nós de velocidade. Ficamos calados, pensando em pessoas como o Juan, simples, comum, bom, solidário. Provavelmente, jamais possamos revê-lo. Provavelmente...

É assim para quem viaja e está aberto para o mundo. Encontram-se pessoas maravilhosas e, quando se vai embora, *parece que falta um pedaço de mim*, como diz a canção. No caso do Juan, não haverá a alegria do retorno. Mas nunca se sabe...

....

Noite fechada. Para variar, estamos entrando em outro porto sem luz do dia, às 10 horas da noite. Êta gentinha teimosa essa. Mas o que vou fazer? Os alemães, agora, são três contra este intrépido pelo-duro: o Tatu, o Graeff e a Magra. Como posso evitar essa tremenda imprudência? Só ajudando...

O lugar chama-se Puerto de Castillo, na Caleta de Fustes, na Isla de Fuerteventura. Depois da rotina de sempre – saltar no trapiche e batalhar uma vaga para o barco, sempre obtida –, atracamos de lado num finger porque a Marina não tem lugar para catamarãs. Conseguimos uma beira para apenas um pernoite.

Amarramos o barco por bombordo, com a popa para o vento que vem do norte, nas coordenadas 28.23.5 N e 013.51.4W. Noite clara, com a lua crescente nos sorrindo. No dia seguinte, teríamos que zarpar, às 10h da manhã, o mais tardar.

Saímos para jantar no enorme e acentuadamente germânico condomínio ali existente. Constitui-se de casas, todas brancas, muito bem ajardinadas e sem muros. Muitas lojas, já fechadas, em sua maioria, pelo adiantado da hora, e restaurantes com boa frequência, tendo-se em conta o relativo frio que fazia à noite. Mas não diziam que nas Canárias há calor o ano todo?

Na volta para casa, fomos dormir o sono dos justos. Passara-se mais um dia e uma vez mais o *Pé-quente* esteve conosco. Seria ele o guia turístico travestido de pescador, na Ilha de los Lobos? Ou algo a ver com a vaga na Marina lotada, num lance de sorte?

Quinta-Feira, 09 de novembro.

Despertamos cedo como sempre. Apesar de todo o sono da Magra, fomos fazer nossa costumeira corridinha. É uma boa maneira de se conhecerem os arredores dos lugares onde se fica ou em que, no mínimo, se pernoita. Nas corridas matinais, fazem-se verdadeiros *tours* durante os trinta ou quarenta minutos que elas consomem: percorrem-se de seis a sete quilômetros e assim tem-se um melhor e mais próximo contato com os lugares visitados.

Partimos às 11h. O rumo continua para o sul. No mínimo, enquanto contornarmos a costa de Fuerteventura até Punta de Lantailla, a partir da qual passa-se para o rumo oeste-sudoeste. A navegada está tão boa, com o balão assimétrico fazendo o barco voar a dez e onze nós, que resolvemos passar batidos por Gran Tarajal, a parada pretendida. Antes, passamos pelo potente farol da Punta Lantailla, identificado, na carta, como FL. (2+1) 18s. 196m 21M. Para quem não é marinheiro, isso significa que, a cada dezoito segundos, o farol emite dois flashes contínuos e mais um isolado, que se situa a 196 metros acima do nível do Mar e que seu alcance é de 21 milhas náuticas.

Passamos direto e fomos para Puerto de Morro Jable, onde chegamos às 16h 30min. Atracamos no trapiche oeste, na posição 28.02.9 N e 014.21.6 W. Foi, como disse, uma navegada inesquecível. Pena que tão curta.

Morro Jable é uma pequena cidade à beira-mar com a população, como sempre nessas ilhas, predominantemente germânica, o que traz para essas paragens organização e limpeza. Disse-nos um motorista de táxi (todos os táxis locais são Mercedes-Benz) que a cidade soma cerca de seis mil habitantes fixos, nativos ou aposentados que para ali se transferiram. Acredita ele que a população flutuante seja mais do que o dobro, não havendo propriamente um mês do ano que se destaque mais do que os outros quanto ao fluxo turístico. Em face da quase uniformidade da temperatura, há movimento durante o ano todo.

O mesmo problema flagrado nas demais ilhas foi igualmente referido: a ilegal e, para ele, nefasta imigração de marroquinos que vêm trabalhar na construção civil. Esta, de alguns anos para cá, tem tido um enorme incremento. Na opinião dos locais, de modo geral, o crescimento das comunidades deveria ser estancado. Com essa imigração ilegal e concorrente da mão-de-obra primária nativa, mais cedo ou mais tarde tudo resultará em desemprego, pobreza e violência urbana, flagelos tão nossos conhecidos. Mas, por enquanto, desemprego realmente não há. Ao contrário.

A pequena Morro Jable é limpa, cheia de gente na rua e com trânsito de veículos congestionado na área central. Possui muitos restaurantes, lojas e supermercados. As ruas internas são estreitas, porém impecavelmente asfaltadas. Aliás, nas Islas Canarias, de modo geral, o asfalto das vias públicas parece que foi posto ontem. O porto em que ficamos, apesar de bem abrigado, não dispunha de água para os barcos que ali aportavam o que, convenhamos, é algo no mínimo desconfortável.

Muitas vezes, chega-se aos portos com a água "na unha", embora, em nosso caso, isso não seja problema em virtude do maravilhoso dessalinizador que fabrica água doce à razão de cem litros por hora. É uma pequena hidráulica! Entretanto, o grande problema do water-maker é que só pode ser acionado em alto-Mar: não pode recolher impurezas de qualquer ordem, especialmente óleos, combustíveis ou lubrificantes, comuns em baías e portos.

Sexta-feira, 10 de novembro.

Com o barômetro marcando 1029, vento fraco de norte e o céu ligeiramente encoberto, zarpamos rumo a Las Palmas, capital da Isla de Gran Canaria, distante 58 milhas.

Nosso rumo é oeste. Cerca das 15h, começamos a divisar a Isla de Gran Canaria. Mais um pouco, e para o lado norte da ilha, bem na nossa proa, começa a surgir no horizonte aquilo que a curvatura da terra faz parecer um conjunto de três pequenas ilhas. São as elevações do norte da Gran Canaria que, a pouco e pouco, agregam-se ao resto da grande ilha, à medida em que dela nos aproximamos.

Pelas 18h, o sol se põe atrás da Gran Canaria e, do lado oposto, bem na nossa popa, surge bela e altaneira uma lua branquíssima, redonda, cheia de si. Está envolta numa aura cor-de-rosa, fruto dos raios solares que atingem as nuvens situadas sobre Fuerteventura, que há muitas horas e há muitas milhas já não é vista. O céu é de um redundante azul celeste. Sua combinação com o rosa, cenário daquela lua tão linda, deixa a todos extasiados. A lua está obcena de tão bela.

Acima da ilha, com o sol já completamente desaparecido, raios de luz atingem as nuvens sempre presentes sobre qualquer ilha oceânica, como que desenhando figuras caprichosas que a percepção de cada um traduz do modo que sente. Penso que a vida é mesmo bela. *Hay que saber baila-la.*

Agora, uma hora passada, a apenas nove milhas do destino, a coisa se agravou: a lua, cerca de dez graus acima da linha do horizonte, amareleceu e lançou na água, bem na nossa direção – pela popa, como dito –, um manto meio branco, meio ouro. Parece querer ligar-se a nós. Aquele rastro de luz, deixado pela quilha do barco, marca nossa presença ali.

Lembro as dezenas de golfinhos que nos têm acompanhado nesta viagem de sonho. É incrível como eles se comunicam com a gente. Falam com os humanos, brincam e fazem piruetas. Tentam responder a nossos gritos, assobios e batidas no casco do barco. A natureza é fantasticamente bela. A vida é fantasticamente bela...

....

A Gran Canaria é, em extensão, a terceira ilha do Arquipélago das Canárias. Tem 1.500 quilômetros quadrados e uma população de mais de 700.000 habitantes. Cerca da metade vive na capital, Las Palmas, que não se confunde com a Ilha La Palma, situada no extremo noroeste do Arquipélago. Seu ponto mais alto é o Pozo de las Nieves, com 1.932 metros de altura, onde neva no inverno. Tem uma bem desenvolvida agricultura na parte norte, enquanto que o sul, muito seco, presta-se tão somente para a criação de cabras e ao cultivo de cactus. Sua forma bem arredondada permite dizer-se que se espalha a partir do ponto central, em N 27.57 e W 015.37, que recolhi da carta náutica.

Las Palmas está saturada de gente e de veículos. O trânsito é lento, quase caótico. No porto, impressiona o movimento, tanto de cargueiros, quanto de modernos navios de passageiros. Nesta cidade, Cristóvão Colombo fez escala em três das quatro vezes que demandou à América. Em uma delas, segundo noticia um monumento no cais de cargas pesadas, trocou as velas quadradas da nau *La Niña* por velas redondas e consertou o leme.

Chegamos à cidade pela Marina do Puerto de La Luz Yacht Harbour, onde se encontram 1.250 barcos atracados. Grande parte deles aguarda a largada da grande regata transoceânica Atlantic Rally for Cruisers (ARC), que acontecerá dia 19 próximo. A chegada é prevista para Santa Lucia, no Caribe, do outro lado do Oceano Atlântico. O itinerário será quase o mesmo que seguiremos também daqui a alguns dias.

No porto, não há lugar nem para uma lancha. Há barcos amarrados a contrabordo, em número de até três, de lado para os pontos terminais dos trapiches. Mais do que lotada, a Marina está entupida de barcos.

Vamos direto ao posto de abastecimento onde, em geral, as coisas acontecem. Encontramos o guarda de plantão e ele nos diz para retornarmos e ancorarmos fora do enrocamento; longe da Marina, portanto. Dentro desta, só se houvesse lugar e estivéssemos inscritos para a regata. Digo, então, que pretendemos nos inscrever, mas ele rebate: as inscrições estão encerradas.

Ponderamos e choramingamos bastante. No fim, o máximo que ele poderia fazer por nós era permitir que ficássemos amarrados em dois dos quatro postes existentes na boca de entrada da Marina, com o risco do swell que por ali entrasse. E sequer teríamos água ou luz.

Sem escolha, aceitamos amarrar o barco nos tais postes. Evidentemente, não precisaríamos nem de água e nem de luz. Não precisaríamos de trapiche. Até um poste nos serviria, desde que a apenas 50 metros do trapiche, como era o caso. Quanto ao *swell*, se ele entrar, é claro que o fará somente depois de termos ido embora. Esses caras não sabem, mas o *Pé-quente* faz parte da tripulação...

Como disse antes, a lua era quase cheia e, por isso, nascera um pouco antes que o sol se fosse. Amanhã, ela nascerá no exato momento em que o sol desaparecer no horizonte e será, precisamente, lua cheia. Então, a maré é de lua, ou seja, maré em que a máxima e a mínima atingem seus limites extremos. Tal fenômeno ocorre tanto na lua cheia – aquela que se exibe do anoitecer ao alvorecer –, quanto na lua nova – aquela, também muito grande, que está no céu durante o dia, "branca como a lua".

Note-se que, de um modo geral, a maré é cheia quando a lua – se nova ou cheia – está no alto do céu, ou no outro lado do planeta, no Japão, para quem está no Brasil. Na maré baixa, a lua encontra-se no horizonte, seja nascendo, seja se pondo. Assim, por exemplo, na lua cheia, a maré cheia será próxima à meia-noite e ao meio-dia; a maré baixa será ao entardecer, com a lua nascendo, e ao amanhecer, com a lua se pondo.

Estamos nos atracando aos postes, com a maré subindo, portanto. A noite se inicia. As amarras devem ficar bem frouxas senão, daqui a pouco, o barco ficará "afundado". Ou as amarras vão rebentar. Ou, então, amanhã de manhã, quando a maré baixar outra vez, vamos ficar "pendurados" pelas amarras. Ou essas não vão resistir. Dilemas de marinheiro...

Chegamos, portanto, com maré baixa, que é o mais aconselhável para se entrar em qualquer porto, o que ocorreu sem querer. E, para variar, também desta feita, entramos à noite; bem como não deve ser feito...

Estamos na posição 28.07.73 N e 015.25.51 W. Hoje são 10 de novembro de 2.000 (como, às vezes, é feia a língua escrita. Ora, hoje são 10...Bolas! Mas o Aurélio Amorim Neto, meu filho filólogo, diz que é assim mesmo. Então, é porque é).

A maré estava subindo. As amarras, fomos conferir, estavam ajustadas para o que desse e viesse. No "coquetel de recepção", preparado pela Magra, várias latas de cerveja foram consumidas pelo Tatu e pelo Graeff e quase duas garrafas de vinho – espanhol, *of course* –, por mim e por ela. Uma era Castillo de Sajazarra, 1995, de Rioja; a outra, de Tinto Arroyo, 1995, da Ribera del Duero. Vinhos um tanto novos, vá lá.

A lua, enorme, já está agora bem sobre nossas cabeças, bem na vertical. A maré encontra-se em seu pico mais alto, mas não estamos pendurados. Fogos de artifício sobem aos céus, a partir de um ponto próximo, na cidade, iluminando a negritude da noite. O Tatu e o Graef pegam o dingue e vão reconhecer as redondezas. A Magra e eu, enfim sós, vamos dormir...

Sábado, 11 de novembro.

O dia raia ensolarado. O vento é quase frio, a vista é espetacular: centenas de barcos aportados na Marina, a grande maioria deles engalanados com as tradicionais bandeiras festivas. São barcos de muitas nacionalidades. Este talvez seja o mais importante porto da travessia Europa-América; todos passam por aqui, precisamente nesta época do ano. Há de tudo para comprar em matéria de barco a vela e da marinharia em geral. Em maio, retornarão da América para a Europa, pelo norte, fugindo do período anual dos furacões.

Fomos precursores da moda de amarrar-se nos quatro postes da entrada da Marina: já estão aqui amarrados cinco barcos. Dois, entre o primeiro e o segundo postes, e dois, entre o terceiro e o quarto. Nós estamos, por enquanto sozinhos, entre os dois postes centrais. O último a chegar foi o nosso vizinho de Morro Jable. É um 50 pés de bandeira alemã participante da famosa regata BOC, de navegadores em solitário ao redor do mundo. Esses caras da BOC são loucos de atar. Ora já se viu, fazer a volta ao mundo sozinho num veleiro?

Quando o alemão da BOC veio amarrar-se ao barco espanhol que ali já estava desde a madrugada, a ré não engrenou, ou o hélice não abriu – sabe-se lá –, e o gurupês do mesmo atingiu-nos em cheio pela popa. Quebrou uma ponta do carrinho do travel e entortou outra vez o guarda-mancebo de popa, que o Tatu e o Graef, com tanto capricho, haviam desentortado dias antes. Coisas que acontecem. Até para um navegador solitário...

É tudo uma festa só. Esta regata, a exemplo da nossa velejada, será uma festa que até já começou com pancadaria pela popa. Só quero ver onde vamos parar...

Ao meio-dia, após uma corridinha de 36 minutos, em que tomamos o rumo do lado sul da ilha, fomos na direção norte procurar um shopping da famosa rede Corte Inglez onde a Magra pode comprar sua passagem para Madri e confirmar seu voo para o Brasil. Aliás, coincidindo com o início da ARC, ainda estaremos aqui para assistir à largada. Espero que a Magra também possa assisti-la; o voo dela sairá às 15h e a largada será ao meio-dia.

No Corte Inglez, embora deteste ir às compras, comprei um excelente par de tênis por cerca de 80 reais, barato, se comparado com os preços do Brasil. Os meus velhos companheiros de tanta quilometragem já não aguentavam mais. Acabam de ser aposentados...

Por falar em calçados, é surpreendente como se está sempre aprendendo: pois não é que descobri o conforto do chinelo de dedo com meias? Isso mesmo: com meias. Pois ontem, na volta do centro, após horas de caminhada, fomos jantar no restaurante da Marina e poucas vezes me senti tão bem. É um barato. Claro, esta é uma combinação que sabe bem com o ambiente veleiro, onde ninguém dá bola para coisa alguma, vive como quer, não se mete na vida dos outros, deixa cair...É como deve ser. Não há como o ambiente náutico, sem frescura, sem regras postiças, meramente formais. Ali, a gente se sente livre para bater um papo amistoso e invariavelmente sobre o mesmo assunto: a vela e o Mar. E como, no dizer da minha filhota Andrea, não sou de "encher balãozinho", sinto-me em casa num ambiente como esse. É como se estivesse no Clube, domingo, almoçando, de bermudas e chinelos de dedo e ninguém me olhando com cara de desaprovação social...

Tenho lido bastante. Aqui e em terra, ler é e sempre foi minha principal atividade. Pelo menos em termos de horas. Agora, estou lendo *Multihull Seamanship*, do Gavin La Suer, a fim de aprender alguma coisa sobre os catamarãs. Estou entretido com o capítulo *Capsize Prevention*, as medidas preventivas sobre a capotagem. Pouco sei acerca desses barcos, mas estou consciente de que, ao contrário dos monocascos, se um catamarã virar, ele não desvira mais. Fica emborcado e vai ao fundo... Essa característica o faz perder, definitivamente, para o insuperável e seguro monocasco. Pelo menos por enquanto, que ninguém está aí para falar mal de quem vai nos levar para a grande travessia.

Mesmo assim, que saudades do *Molecão*! Com ele, eu faria essa viagem de muito boa vontade e sem qualquer grilo. Sorte é que aqui também contamos com o *Pé-quente* na tripulação: ele sempre me acompanha em qualquer grande velejada. Esta também vai ser um passeio.

Hoje é aniversário da Miriam, minha irmã querida, e do Manfredinho. Liguei para ambos. Ela não estava em casa e nem no celular. Com o Manfredinho, bati um papo maravilhoso. É um baita gozador e uma das pessoas mais doces e amigas que conheço. Vida longa, Manfredinho, grande velejador, grande parceiro! Vida longa, minha irmã!

Domingo, 12 de novembro.

Hoje, a Magra e eu tomamos um ônibus no centro e fomos conhecer o sul da ilha, mais precisamente, as Dunas e o farol de Maspalomas. Durante o trajeto de cerca de quarenta quilômetros, verificamos a total aridez daquele terreno pedregoso e seco. De certa forma, lembra o deserto de Negev, perto de Hebron, embora este seja de cor bem clara, enquanto que o daqui é bem escuro, quase negro, em decorrência da origem vulcânica de sua constituição. Até mesmo algumas habitações e as cabras que vimos pelo caminho lembram os acampamentos dos beduínos de Negev.

A paisagem só não é totalmente desolada porque há milhares de metros quadrados de estufas cuja cor prateada intensifica a ideia de extrema secura. Veem-se também muitos e muitos cataventos de três pás que, além da água que recolhem do solo, geram energia para os povoados adjacentes.

Das referidas estufas, resulta grande parte da produção agrícola da Gran Canaria e também de outras ilhas do arquipélago. Aliás, quando da passagem pela costa mediterrânea da Espanha, observamos a impressionante extensão de área dedicada a estufas para produção agrícola, o que atesta a alta tecnologia espanhola.

A propósito, lembro que, em Fernando de Noronha, há dois desses modernos cataventos. No entanto, jamais funcionaram. Estão até hoje parados. Trariam uma boa economia para aquela bela ilha onde a energia elétrica é gerada pelo ultrapassado e caríssimo consumo de óleo diesel. Por lá, dizem, há grandes interesses no sentido de que os cataventos não funcionem...

São tantos os alemães que se transferem definitivamente para as Canárias que, às vezes, parece que a Alemanha se esvaziou. Na imensa maioria, são aposentados que buscam o excelente clima seco das ilhas, ao nível do Mar.

As praias de Maspalomas e del Ingles são populosos balneários em que raramente se encontra alguém que não tenha vindo da Alemanha. Não é exagero: o garçon que nos atendeu no restaurante e o motorista do ônibus de linha, além do espanhol, também falavam alemão. Embora os estrangeiros falem a língua germânica, inglês, ou ambos os idiomas, o espanhol só é usado pelos nativos. Muitos deles, porém, já falam o alemão e são contratados precisamente porque dominam este idioma.

A meio caminho entre o farol e as enormes dunas, comemos uma *paella* num restaurante que por acaso chama-se...Veleiro. Recomendo -o, tanto pelo excelente atendimento, quanto pela saborosa comida.

Amanhã, segunda-feira, a Magra e eu vamos para Tenerife. Ontem compramos passagens no *ferry* que parte às 07h de Puerto Santa Catalina. Queremos voltar quarta-feira. O Tatu e o Graeff não irão. Ficarão no barco fazendo trabalhos de manutenção. Acho que estão querendo dar uma folguinha para nós. Se soubessem como curtimos a companhia deles, não nos dispensariam tão facilmente. Pois então, eles que trabalhem, que nós vamos fazer turismo. Até a volta.

Quarta-Feira, 15 de novembro.

Retornamos de Tenerife. Agora somos seis barcos amarrados nos quatro postes da entrada da Marina. Três são catamarãs e três são monocascos. O catamarã que ficou a nosso boreste é de bandeira italiana. Pronto: barulho, gritaria, piadas e alegria é o que não falta. Os peninsulares da bota italiana são mesmo do barulho. Botam pra quebrar...

Embarcáramos para Tenerife, pontualmente às 07h de segunda-feira, no *jet-foil* Princesa de Teguise da companhia Transmediterranea. É uma viagem rápida a bordo dessa moderna embarcação de passageiros, que faz o transporte entre as diversas Ilhas Canárias.

Tenerife é a maior das ilhas do Arquipélago. De formato ligeiramente triangular, possui pouco mais de 2.000 quilômetros quadrados e apresenta um relevo bem irregular, com altíssimas montanhas e profundos abismos. A espinha dorsal desse sistema montanhoso divide a ilha em duas metades bem distintas: a parte norte, úmida e fértil, apresenta abundante e rica vegetação; o sul, como ocorre na Gran Canaria, é árido, disso resultando uma quase inexistência de agricultura. Graças à nítida divisão entre essas duas regiões, Tenerife também é conhecida como a ilha de duas faces.

A despeito de sua latitude e proximidade com o Deserto do Saara, é surpreendente que Tenerife não seja apenas um contínuo deserto. Ao contrário, veem-se, na parte norte, campos verdejantes com grandes videiras e extensos bananais. Lembram muito os vales do sul do Líbano, próximos a Baalbek. Tal particularidade, no caso de Tenerife, resulta da combinação dos ventos e do Mar. Os primeiros, por virem do norte, são mais frescos do que os do leste, provenientes do Saara. Com isso, fica atenuado o que seria um tórrido verão.

Quanto ao Mar, a corrente norte-sul das Canárias dá prosseguimento à Corrente do Atlântico Norte. Por sua vez, esta é bastante influenciada pela *Gulf Stream*, que abriga águas mornas. Por isso, o inverno na ilha torna-se mais ameno. Ao longo do ano, é raríssimo que a temperatura ambiente ultrapasse os 25 graus centígrados, ou que fique abaixo dos 18 graus. Agora mesmo, estamos "passando frio", nada que um simples blusão e as indefectíveis bermudas não resolvam. E assim mesmo, o frio acontece ou cedo, pela manhã, ou à noite.

Uma agradável surpresa foi constatar, em várias oportunidades, a excelência dos vinhos produzidos em Tenerife. É grande sua credibilidade, eis que são totalmente consumidos, e a tal ponto que não se encontram para beber ou comprar vinhos com mais de dois anos de idade.

A parte culminante do território insular mostra em destaque a magnífica montanha vulcânica Las Cañadas del Teide. O tope deste enorme vulcão situa-se a 3.718 metros acima do nível do Mar. Para ter-se uma ideia do que seja, basta dizer que não há ponto mais alto em todo território espanhol, continental ou insular: nem o Aneto, nos Pirineus, com 3.404 metros, nem mesmo o Pico Mulhacen, em Sierra Nevada, com 3.478 metros.

Foi o próprio Teide que inspirou o nome da ilha: na língua dos guanches ancestrais, Tenerife significa montanha nevada. Isso porque o grande monte, durante a maior parte do ano, apresenta seu pico encoberto pela neve, em contraste com as partes mais baixas, de coloração em várias tonalidades, desde o verde até o preto, passando pelos belíssimos ocre e amarelo. Toda essa policromia resultou das torrentes de lava, expelidas nas erupções, cujos vestígios ainda permanecem visíveis. Não há cor do arco-íris que não exista no Teide.

Para se chegar ao topo do vulcão, fomos de carro até a base, a 2.356 metros de altura. Dali, tomamos um teleférico que leva até La

Rambleta, situada a 3.555 metros acima do nível do Mar. Dali em diante, percorremos a pé duas trilhas recomendadas, enfrentando alguns trechos ainda cobertos de neve e com um estranho tipo de vegetação característica e única. O pico estava a poucos minutos de nós. Só então ficamos sabendo que é preciso licença especial para chegar-se lá. E essa licença só é fornecida em Puerto La Cruz. Restou-nos olhar o tope, a poucos metros acima de nós. Onde estaria o *Pé-quente*?

Desde tempos remotos, o Teide surpreende os navegadores que demandam àquela região. Visto a dezenas de milhas de distância, causa enorme surpresa por suas dimensões. Não será por nada que o historiador grego Heródoto denominou-o de Atlas, enquanto, para outros, era conhecido como a "coluna do paraíso". Mesmo que se dê a volta em toda a imensa ilha, o majestoso Monte pode ser visto de quase todos os lugares em que se estiver. É algo inesquecível, indescritível, por mais esforço que se faça.

O que mais vem chamando a atenção dos pesquisadores, ao longo do tempo, é a riqueza da formação geológica do Teide. Além disso, suas escassas e raríssimas flora e fauna despertaram interessados gênios da ciência. Von Humbolt, por exemplo, lá esteve em junho de 1799, descobrindo raros espécimes de plantas. Catalogou-os e hoje várias espécies endêmicas que lá ainda vivem – algumas, inexplicavelmente – fazem parte do conhecimento científico universal.

A paisagem do Teide é deslumbrante. Há lugares que lembram a estranha grandeza do deserto de Wadi Rum, na Jordânia. É um lugar de beleza inebriante, comparável aos cânions hawaianos.

Por sorte, o dia estava bem claro; um céu de brigadeiro ressaltava a brancura do Monte, com extensos trechos de neve. Assim, pudemos avistar, na direção oeste, as Ilhas La Gomera e La Palma. Olhando para o leste, viu-se, nitidamente, a formação de espessas nuvens que resultam da combinação dos ventos de norte-nordeste com a umidade das altas encostas. O resultado é que, entre 1.500 e 1.800 metros de altitude, faz-se presente grosso e constante nevoeiro, o que reduz a marcha do carro a pouquíssimos quilômetros por hora. Havíamos subido a montanha pelo nordeste, por Orotava; baixamos por sul-su-doeste, na direção de Guia de Isora.

No cume, a temperatura ambiente era ao redor de zero grau, ou pouca coisa mais. Ao nível do Mar, pouco depois, voltávamos para algo em torno de 22 graus.

Outra majestosa obra da natureza posta nessa ilha continental, berço do jesuíta e poeta José de Anchieta, é o Acantilado de Los Gi-gantes. Situado na costa noroeste, constitui-se de enorme penhasco, com 600 metros de altura, de formação basáltica. Ao pé do mesmo, ergue-se um grande condomínio ocupado quase que exclusivamente pelos alemães do lugar, com sua praia de areia totalmente negra, fruto da formação vulcânica dominante.

Em Los Gigantes, foi construído o Puerto Santiago, um molhe que se intromete Mar adentro, amortecendo a rebeldia das ondas e servin-do de abrigo seguro a muitos barcos. No particular, é impressionante como se constróem marinas nessas paragens. Elas entram com pedras e concreto água adentro, desviam na direção de sotavento, retornam para a praia e ali ficam. Até parece que não há controle ambiental. Ou será que molhes e marinas não fazem mal ao meio ambiente?

Ainda em Tenerife, visitamos a famosa praia artificial Las Teresi-tas. Distante oito quilômetros de Santa Cruz, a praia foi feita com mi-lhões de toneladas de areia trazida desde o Deserto do Saara. É ornada com palmeiras e defronte foi construído um quebra-mar, resultando que suas águas são mansas e próprias para o banho dos inúmeros turis-tas que ali aportam em qualquer época do ano. Mais se parece a uma gigantesca piscina.

Para nos despedirmos de Tenerife, fomos jantar no famoso res-taurante Casa de Miranda, fundado no Século XVII. Mais uma vez, pudemos comprovar a alta qualidade da culinária da ilha, com seus frutos do Mar e seus vinhos de boa cepa.

Quinta-feira, 16 de novembro.

Fomos todos jantar no veleiro Afrodita, do norueguês Kim Erichsen. É um belíssimo Nauticat 52, espaçoso e muito confortável. O Kim e sua brasileiríssima Regina Baptista Pereira não sabiam o que fazer para nos agradar. Comemos do bom e do melhor e acho que tomamos todo vinho que havia a bordo.

Foi muito bom estar com aquela gente marinheira que decidiu largar tudo para viver a bordo em companhia do filho Thomas. O domicílio deles passou a ser o Mar. E irão correr a ARC para o Caribe. Bons ventos...

Sábado, dia 18 de novembro.

Comprei um GPS. Trata-se do novíssimo *Etrex* da Garmim, para substituir o meu Garmim 75 que caiu no chão e apagou. O aparelhinho – do tamanho de um telefone celular – é um primor de tecnologia. Possui capacidade para 500 *way-points*. O meu inseparável 75 possui – ou possuía – somente 200. O Tatu e o Graeff não resistiram à tentação e também compraram o tal negócio. Agora, estamos bem arranjados; não há desculpa para errar a navegação. Temos cinco GPSs no barco...

A Magra e eu, incorrigíveis ratos de museus, fomos visitar o Museu Canário para conhecer os usos e costumes dos guanches, o povo que primeiramente povoou estas ilhas. Há, ali, notícias documentadas de expedições a estas paragens no ano de 1.413, ocasião em que o europeu conquistador iniciou o aprisionamento dos nativos, levando-os escravos para a Europa. Na época, os nativos se opuseram ao invasor, combatendo-o em sangrentas guerras. O grande morticínio dos locais quase os levou à extinção.

Os guanches receberam essa denominação inicialmente em Tenerife. Até os dias de hoje, os habitantes da ilha orgulham-se de terem sido seus ancestrais os únicos não escravizados pelo conquistador. Os nativos das demais ilhas quase desapareceram da face da terra, mortos ou levados para o cativeiro na Europa.

Fundado em 1.879, o Museu Canário impressiona pelo que mostra da arqueologia e da pré-história dos guanches. Ali podem ser vistos trabalhos artesanais em peles e fibras vegetais, peças em cerâmica habilidosamente elaboradas e utensílios de pedra que, embora sem conhecer o metal, eles já eram capazes de fazer.

Do mesmo modo, curiosas eram as suas moradias. Os guanches viviam em cavernas muitíssimo semelhantes às encontradas na Capadócia. Naturais ou artificiais, como as da Anatólia, possuíam também vários andares, terra adentro, com poços de ventilação cavados verticalmente, propiciando a entrada de ar nas partes mais profundas. Na abertura de cavernas artificiais, deixavam, de espaço a espaço, colunas de sustentação do teto. Eram verdadeiros mestres na arte de construir. Eram engenheiros.

É certo que não viviam em condições de salubridade inferior às dos conquistadores na Europa de então. Mesmo com o advento, séculos depois, da revolução industrial – e por vezes até em função dela própria –, os europeus estavam bem longe de serem um exemplo de vida saudável. Não superavam os guanches.

Na Europa do final do século XVIII, as primeiras fábricas eram erguidas dentro das cidades, nos pontos mais nobres, próximas à água, de que tanto necessitavam, e às moradias onde habitavam os futuros operários. Nessas correntes d'água, jogavam-se os dejetos industriais, causando a morte dos peixes. As pessoas lançavam seus excrementos na via pública, quando não faziam suas necessidades fisiológicas ali mesmo.

Para que se tenha uma pálida ideia do caos sanitário imperante no início dessa era, em Manchester, cidade inglesa da nova fase industrial, havia trinta e três lavatórios para cada grupo de mil trabalhadores. Os operários, recém-trazidos do campo, saudosos por certo da vida rural, criavam porcos nos porões das próprias casas. Os quartos dessas moradias, em sua maior parte, não possuíam qualquer abertura para a rua. Jamais recebiam diretamente luz solar. Os índices da tuberculose avançavam em virtude de tais condições de higiene que fariam corar aos babilônios; estes já dispunham, milhares de anos antes, de prodigiosos inventos para o uso da água.

O mesmo não ocorria, entretanto, em cidades que não entraram intensamente na fase industrial. Em Viena, por exemplo, os trabalhadores moravam fora dos muros da cidade, ainda hoje preservados em grande parte. E a cidade poderia, se assim o quisessem seus administradores, expandir-se para os arredores. Paris, ao contrário, tinha de crescer para cima, em virtude dos intensos cercos que sofria. O mesmo ocorria com Londres, embora esta, podendo expandir-se no sentido horizontal, como Viena, apinhava-se de gente em horrendos agrupamentos sub-humanos.

Se Paris teve que crescer para cima, Londres a tanto não foi forçada. Ao contrário de Viena, porém, não poupou esforços para, durante o século XVIII, concentrar sua massa operária próxima das fábricas. Era a sinistra insalubridade. A peste tornou-se presença constante; a tuberculose era tão comum quanto, hoje, é a gripe. Os índices de mortalidade eram assustadores. O progresso determinava seu preço.

Já na primeira metade do século XIX, como visto, o mundo conheceria os primeiros arranha-céus, construídos um pouco depois do surgimento do cimento Portland e do elevador hidráulico inventado pelo genial Elisha Otis. Londres foi salva do novo caos por um erro histórico: acreditava-se, sem razão, que o solo londrino não se prestava para edificações de maior altura. E a capital britânica ficou como é hoje: uma imensa e, agora, bela cidade de prédios baixos. Proporcionalmente, lá são escassas as altas edificações.

Ainda com relação aos guanches, o que mais chama a atenção dos pesquisadores é a existência de múmias em perfeito estado de conservação. Os cientistas flagram nisso uma inquietante semelhança com a forma de mumificação usada no distante Egito. Estou certo, porém, de que o leigo não conseguirá identificar diferenças entre as múmias expostas no Museu Canário e no Museu do Cairo.

Há, também, uma grande coleção de crânios humanos que servem aos estudos dos antropólogos quando buscam desvendar a origem daquele povo. Tudo isso compõe o motor da curiosidade dos cientistas e pesquisadores do mundo inteiro, que procuram desvendar os escaninhos dessa misteriosa terra.

Assim, embora inexistam datas precisas, os estudiosos afirmam que os guanches teriam chegado às Canárias há vários milhares de anos. Para o leigo, seus objetos são tão impressionantes quanto os produzidos há dez mil anos e que se encontram expostos no Museu de Aman, na Jordânia. E o mais inquietante, nessa linha de semelhanças, é que, enquanto o clima das Canárias é tépido o ano todo, na Jordânia, a temperatura varia, durante o ano, entre 05 graus centígrados, em janeiro, e 40 graus, em agosto. E isso deveria influir no estado de conservação de tais objetos. Mas como o deserto de Wadi Rum é um dos lugares mais secos do planeta...

....

Algo muito grande está por acontecer. O movimento nos trapiches é diuturno. Homens e mulheres, pendurados em mastros, apressam-se em fazer os últimos reparos para o grande dia. Víveres, ferramentas e peças de reposição vão sendo embarcados nos veleiros aportados. Montanhas de caixas de papelão e de madeira vão sendo acumuladas próximo às saídas dos *pantalanes*, como aqui se chamam os trapiches. São o resultado dos carregamentos levados para bordo. Ainda assim, a limpeza é muito atenta. Infelizmente, porém, vazamentos de óleo dos motores terminam no Mar. Vai-se enegrecendo a pequena praia situada aqui ao lado.

Chegam mais e mais barcos das mais diferentes nacionalidades que se vão amontoando como podem, lançando âncora em qualquer espaço. Alguns amarram-se nas pedras dos Molhes da Marina. As autoridades navais, de início tão presentes, parecem fazer vista grossa porque um verdadeiro caos, embora organizado, começa a instalar-se.

A ARC é um grande acontecimento. Movimenta a cidade e, sobretudo, traz dinheiro, contribuindo para desenvolver a febril atividade turística da ilha. Tudo é festa, uma alegre e nervosa festa. Os velejadores que correm regatas sabem bem do que estou falando...

Na véspera da largada, ao longo da enorme Marina, bandas musicais alegram os visitantes e as tripulações das centenas de barcos participantes. Belíssimos fogos de artifício são lançados aos céus. Domingo, parte a grande regata ARC 2.000 – Canárias a Santa Lúcia. Repete-se, assim, o mesmo percurso feito 508 anos antes por Cristóvão Colombo. Trata-se, pois, de uma travessia transoceânica.

A propósito, em Las Palmas de Gran Canária, visitamos também a Casa de Colombo onde se encontra uma réplica do interior da *Niña*. Esta caravela e mais a Santa Maria e a Pinta levaram a esquadra de Colombo ao "descobrimento" da América. Estive dentro da réplica e fiquei pensando naqueles destemidos marujos que faziam do Mar a sua morada. Quantas privações, quantos sacrifícios, quanta dor sofriam. Lembrei-me do grande Fernando Pessoa, dizendo:

Oh, mar salgado,
quanto do teu sal
são lágrimas de Portugal!
Por te cruzarmos,
quantas mães choraram
quantos filhos em vão rezaram
quantas noivas ficaram sem casar
para que fosses nosso, oh mar!

É inacreditável terem aqueles homens cruzado o Atlântico em tais condições. Não tinham cartas náuticas de espécie alguma, até porque iam para terras desconhecidas. Não tinham medidores de profundidade, nem barômetros. Dispunham somente do sextante e da bússola. Enfim, toda a moderna tecnologia náutica inexistia, ao contrário dos dias de hoje em que o nosso comuníssimo GPS, aliado às ótimas cartas náuticas existentes, tornaram-nos a todos praticantes de um ofício quase sem erros.

Na Casa de Colombo, acham-se as cartas náuticas que resultaram das quatro viagens que ele fez à América. Sempre pensando que aportara na Índia, o grande marinheiro deu às cartas uma curiosa feição: nelas, a parte da Ásia situa-se imediatamente a oeste da hoje América Central. Ele estava convencido de que, finalmente, chegara ao oriente navegando para o ocidente...

Nas quatro viagens que fez, o grande comandante aportou por três vezes nas Ilhas Canárias. Usou estas ilhas do mesmo modo como as usam hoje os navegantes do mundo inteiro, ao cruzarem o Atlântico Norte: ponto de reabastecimento e descanso.

De outro lado, aqui escalando, logrou cortar a grande travessia, reduzindo-a para menos de 3.000 milhas náuticas, o que corresponde a cerca de 5.500 quilômetros. Mais ainda, e talvez para sua sorte, ao continuar a travessia a partir daqui, descreveu o arco que contorna quase completamente, pelo sul, a área atlântica de furacões. Se navegasse para oeste, desde o início, atingiria em cheio o núcleo da temida região. E além disso tudo, percorrendo o arco, alcançou a zona de ventos e correntes mais favoráveis.

Mas um grande velejador também precisa de sorte. O certo é que Colombo escolheu o mês de agosto, um período do ano altamente perigoso. No entanto, ao passar primeiramente pelas Canárias, evitou a zona da mais devastadora manifestação do Mar, o furacão do Atlântico Norte. Frequente entre os meses de maio a novembro, rarissimamente ocorre fora deste período dentro do qual deu-se a epopeia do descobrimento da América. Rarissimamente...

Essa questão é tão séria que, no edital da Regata Arc 2.000, constam cerca de quarenta frequências de rádio SSB que podem ser acessadas por qualquer embarcação, participante ou não. Mas, em uma dessas frequências (8017 KHZ – *Caribbean Weather Net*), está a observação, com todas as letras maiúsculas: ONLY BROADCAST IF THERE IS A HURRICANE. Ou seja, é um canal exclusivo que somente funciona se houver furacão. Para não deixar dúvidas...

Na primeira viagem, Colombo ficou por quase um mês nestas paragens, aguardando, sem querer, o fim da temporada de furacões. Nessa ocasião, trocou as velas triangulares da *Niña* por velas quadradas que chamavam, por incrível que pareça, de velas redondas... Também consertou o leme da embarcação. E como ignorava a existência dos furacões, daqui partiu a 31 de agosto.

Na segunda travessia, aqui esteve outra vez, mas seu curso foi bem mais para o sul. Buscava melhores ventos e também procurava fugir das zonas de furacões, situadas mais ao norte, na parte central do Atlântico Norte. Foi o verdadeiro precursor dessa rota usada, como disse, por todos que demandam à costa ocidental do Atlântico, cujo destino seja qualquer das Américas. É o caminho que pretendemos seguir, o mesmo que atentamente examinei nas cartas dessas quatro grandes epopeias.

Domingo, 19 de novembro.

O dia amanheceu lindo. Com a festança da véspera que, em sua melhor parte, foi feita mesmo no *Haaviti*, com um jantar dos deuses preparado pela Magra, fomos dormir depois das quatro da madrugada. Pela manhã, todos estávamos de "cabeça grande". Ainda assim, acordamos cedo e fomos para o *cockpit* assistir à passagem das centenas de barcos que demandavam à linha de largada, fora do imenso porto. Antes de chegarem lá, porém, tinham de passar, um a um, pela estreita boca da Marina, à nossa frente, ou melhor, bem na nossa popa. Disso resultava sermos privilegiados assistentes daquela linda e interminável procissão das embarcações inscritas na ARC 2.000, as quais já não mais exibiam as bandeirolas festivas que as ornavam até a véspera.

Muitas despedidas, adeuses que partiam tanto das embarcações quanto da multidão espremida sobre os molhes, de ambos os lados da Marina. A atmosfera festiva, porém, não lograva esconder o aperto da saudade no peito de quem ia e de quem ficava. Até o ano que vem, era o que pareciam todos dizer. Pensei em como teria sido a despedida da flotilha de Colombo, naquele mesmo lugar, quinhentos anos antes...

Após assistirmos, fora da Marina, o empolgante episódio da largada das centenas de barcos, acompanhei a Magra ao aeroporto. Voltava para casa com a alma em festa, alegre por termos convivido, mais uma vez, com um grande e velho amigo, o Tatu, e um novo companheiro, o Graeff. Foi bom demais a Magra ter vindo. Deixou saudade e voltou tão apreensiva como jamais a vira antes. Não lhe ocorrera um bom presságio. Era palpável que sentia algo de ruim no ar...

Amanhã, finalmente – ou em outro dia qualquer, nunca se sabe –, deixaremos o que até agora foi, de certa forma, uma navegada costeira, distante não mais do que dois ou três dias de terra firme. Demandaremos, finalmente, à América.

Segunda-feira, 20 de novembro.

Ao contrário do planejado, não zarpamos ainda. Ficamos enrolados nos preparativos da travessia.

As providências para a partida parecem muito simples. Não são. A imigração burocratiza tudo. O Tatu fica horas na fila para ser atendido, com nossos passaportes na mão. É o Graeff e eu batendo com a cara na porta para trocar nossas pesetas por dólares. É o interminável supermercado para o abastecimento que dure quarenta dias, calculando-se vinte de duração aproximada da travessia e mais vinte para o caso de a gente "ficar por lá", à deriva. A previsão de água mineral é para noventa dias. É a limpeza geral do barco, que havia passado cerca de duas semanas sendo abastecido exclusivamente com baldes d'água trazidos no dingue. Recorde-se que estivéramos atracados nos postes interiores da Marina, sem água direta do trapiche, embora quase encostados nele.

Quando, enfim, chegou a noite, não havíamos concluído toda a faina. Estávamos cansados e resolvemos dormir a última noite ainda atracados. Menos mal que pude, logo cedo, dar a minha última corridinha antes da América. E que bom que amanhã não é sexta-feira...

4
DAS CANÁRIAS
AO MEIO DO MAR OCEANO

EUROPA

ÁFRICA

ESTADOS
UNIDOS

BRASIL

OCEANO ATLÂNTICO

MAJORCA

SAÍDA
18 DE OUTUBRO

19 DE OUTUBRO

GIBRALTAR

22 DE OUTUBRO

ISLA GRACIOSA

Ilhas Canárias

2 DE NOVEMBRO

10 DE NOVEMBRO

24 DE NOVEMBRO

27 DE NOVEMBRO

SINT MAARTEN

CUBA

Terça-feira, 21 de novembro.

Coordenadas das 12h 30min GMT: 28.07 N e 015.25 W.

Partimos.

Nos últimos tempos, as coisas em terra têm-me parecido muito malucas. Tudo em Las Palmas é estressante, à exceção da aconchegante Marina. A cidade está saturada de veículos. As inúmeras e antes eficientes curvas de nível cavadas no subsolo já não dão conta do recado: os túneis estão atravancados de carros. O simples ato de atravessar a rua, a despeito da irrepreensível educação dos motoristas, é um verdadeiro tormento. Nada mais cabe nesta cidade. É gente demais, carros demais, barulho demais, correria demais. Lembra Majorca.

Não poderia imaginar que uma ilha situada tão longe de tudo, ou nem tanto, fosse apresentar todo aquele "progresso". Não víamos a hora de cair fora, sair dessa maluquice e demandar o melhor lugar do mundo: o Mar.

Finalmente, aqui estamos. Partimos às 12h 30min (GMT), alternando sol brilhante e uma leve garoa que fingia nos molhar. Já na saída, quando o Graeff e eu estávamos içando o grande, só o Tatu notou que, da valuma da vela, pendiam alguns pequenos cabos de amarração das talas. Poderiam vir a enroscar-se no amantilho da retranca e impedir, depois, que a vela fosse arriada. Imagine-se se isso acontece num vento forte em que haja necessidade de rizar o grande às pressas: a vela simplesmente não arriaria.

O Graeff passou a faca nos tais cabinhos, encurtando-os ao máximo. Coisas de quem vê tudo, nota tudo no barco que comanda. Ao Tatu, ainda que seja um baita dum arriado, nada escapa. Ele sabe muito e é muito responsável. Nasceu realmente para o que faz: velejar. E é muito bom ter um companheiro assim.

Içado novamente o grande, tomamos o rumo inicial para contorno da Gran Canaria. De pé, na frente do mastro, por iniciativa do Tatu, abraçamo-nos os três, apertamo-nos as mãos e, emocionados, nos desejamos mutuamente uma boa travessia. O Mar Oceano nos esperava. O grande jogo tinha começado. Agora era para valer.

....

Pouco depois da saída, vou à mesa de navegação, na qual haverei de passar grande parte do tempo a partir de agora, e ploto duas posições na carta do Caribe: Martinica e St. Martin (a grafia, daqui por diante, é a da carta A-2, *Puerto Rico to St. Christopher*). As posições, inicialmente, são apenas aproximadas em face da enorme distância que de lá estamos. Martinica, na posição arredondada de 14.40 N e 061.45 W, está a 2.650 milhas de distância, se fôssemos em linha reta até lá. St. Martin, sempre em linha reta, a 2.695 milhas, na posição, sempre aproximada, 18.00 N e 063.00 W.

Inserindo esses dados no GPS, abro oficialmente os trabalhos de navegação. Essas não são, contudo, as distâncias a serem percorridas. Não sabemos sequer se iremos direto para St. Martin ou se faremos escala na Martinica. Ou, até, se não iremos para outro ponto qualquer do Novo Mundo. Somos filhos do Mar e dependentes dos ventos: eles dirão onde e por onde ir.

A propósito do Mar, lembro o que o "Nego" Márcio escreveu para mim, a bordo do Tuchaua III, no dia 26 dezembro de 1991. Naquela data, aquele belíssimo barco entrava pela primeira vez no Mar.

E era o dia do meu aniversário. O Tuchaua e eu nascemos na mesma data: somos capricornianos...

Escreveu-me o Márcio: *"que o meu respeito pelo Mar seja o dobro do prazer que tenho de nele navegar"*. E é assim mesmo que todos nós pensamos. Jamais contrariamos a vontade do Mar. Vamos para onde ele nos levar. Ou quase isso.

Em retribuição, ofereci ao Nego os versos que compus em homenagem ao evento e que ele resolveu emoldurar e pendurar no seu Tuchaua:

Enfim, realizou-se um sonho
Tão grande que às vezes me ponho
Quieto a imaginar
O tamanho da emoção
Trazida pelo enorme apego
Que este inconfundível Nego
Tem pelo barco e o Mar.

Naquele 26 de dezembro
Parece agora, bem lembro
Foi-se o Tuchaua ao Mar
Levado pelo seu dono
Bravo, esperto e sem sono
O Márcio quase a chorar.

Seria um mero acaso?
E à imaginação dou azo
Querendo relacionar
A enorme coincidência
De eu nascer no mesmo dia
Em que, suprema alegria,
Tuchaua no útero Mar!

O barco no Oceano entrado
Fez-me raciocínio caótico
Seria também amniótico
O líquido do Mar salgado?
E a obra que o Márcio criou
Usando um montão de madeira
Comendo o mingau pela beira
E eis no que resultou:

Impávido, intrépido, valente,
O Tuchaua não desmente
Aquela enorme atração
Que o Mar desperta no Nego
Jamais lhe dando sossego
Verdadeira obsessão.

O Márcio tem pelo MAR, CIO
O cio que nele se roça
Devagar dele se apossa
Avassalador, bravio

Inundando-lhe os porões
Da alma e do sentimento
Verdadeiro linimento
Que faz do Nego isso aí:

Um marujo apaixonado
Que fita o Mar deslumbrado
Num grande porre marítimo
É expoente logaritmo
Aos neófitos indecifrável
Mostrando, porém, viável
Alcançar o almejado.

E agora os vejo lá
O barco, o Nego e a Cláudia
Que ela é a primeira dama
Do Tuchaua que ninguém chama
Barco de um homem só:

O Nego não anda sozinho
A Cláudia está sempre a seu lado
Cuidando do felizardo
Com desvelo e com carinho.

E quando dali me aproximo
Meio assim pedindo arrimo
Torno a neles constatar
A convivência harmoniosa
E a síntese maravilhosa
O barco, a mulher e o Mar.

....

Em verdade, nosso percurso será bem maior do que qualquer dos dois pontos por mim retirados das cartas náuticas. É que, como disse em relação a Cristóvão Colombo, daqui para o Caribe temos que descrever o arco seguido pelas correntes e pelos ventos. E não há como saber-se, de momento, que distância percorreremos. Daqui a algumas semanas poderemos, quem sabe, avaliar melhor tudo isso. Mesmo assim, com a imprevisibilidade dos ventos. De momento, eles estão nos empurrando no rumo sul e este não é, precisamente, o que deveríamos trilhar.

Como se diz no linguajar náutico, o vento está torcido para leste. Vamos com ele; não queremos andar de popa rasa. Quando voltar para o norte, damos um jaibe e, amurados a boreste, tomamos um rumo mais a sudoeste. Será, então, o início do longo arco que iremos descrever até o lado ocidental do Atlântico Norte. Debruçado na mesa de navegação, vejo a rota que tracei na carta náutica 4012 (*North Atlantic Ocean – Southern Sheet, escala 1/6.331.100 at lat. 30 graus*). Por isso é que o percurso será muito maior do que aquele que faríamos, se navegássemos diretamente para o Mar do Caribe.

Às 13h, tomo nossa posição e a anoto no *log* do qual passo então a me encarregar. Daqui para a frente, todas as noites, a roda dos navegantes, pelo SSB, será informada de nossa posição das 22h GMT.

A posição é 27.49 N e 15.21 W. Estamos andando a 08 nós, mas ainda apoiados pelo motor de bombordo. O vento, embora já de direção adequada, ainda não é forte o suficiente para nos impulsionar só com o velame. Iremos motorear por algum tempo. Ainda estamos com Gran Canaria pelo través, na sombra, portanto, da grande Ilha, o que faz com que, ali, os ventos sejam mais fracos.

Mais duas horas e ultrapassamos o sul da Ilha. Ao abrir o balão, o Tatu verifica que o engate rápido da adriça está por se romper. Como bom alemão teimoso, fica uma hora tentando abrir o "nó cego" que algum "marinheiro" fez para amarrar a adriça no gato. Consegue. Só de teimoso. Como ele mesmo indaga e responde, sabe como se põem vinte alemães dentro de um fuca? Diga a eles que não cabem...

Enquanto St. Martin abriga territórios francês e holandês, a Martinica é uma possessão francesa. São duas ilhas, fruto da partilha que os grandes impérios europeus fizeram das Américas, entre os séculos XVI e XVIII. Toda a América do Sul, a Central e grande parte da América do Norte foram divididas entre os poderosos da ocasião: Espanha, Portugal, Gran-Bretanha e França. E até para a Holanda e a Dinamarca sobraram algumas ilhas. Depois, em função do Tratado de Tordesilhas entre Portugal e Espanha, ficaram delineados os limites desses impérios nas colônias sul-americanas.

Com as vitórias britânicas sobre a Holanda, no século XVII, e sobre a França, no século seguinte, consolidou-se o poder da Inglaterra na América e na maior parte do mundo. Seguiram-se os anos dourados de conquista do Canadá e da Índia até que, já quase no final do século, os britânicos enfrentaram a fortíssima rebelião das treze colônias. Disso resultou a independência norte-americana, a partir do famoso pacto de Mayflower, e a fundação daquele novo e poderoso Estado independente.

Nessa esteira, seguiram-se os movimentos de independência sul-americanos que resultaram na expulsão de espanhóis e portugueses do continente sulino. Imitavam o movimento independencista do norte.

Todos esses movimentos de independência tiveram exércitos constituídos de indígenas e foram comandados pelo homem branco, em sua maioria europeu. A partir de então, os dirigentes das novas colônias passaram a buscar mão-de-obra barata para substituir a dos patriotas naturais que, bravamente, lutaram a seu lado. Com isso, ainda mais enriqueceriam os europeus aqui chegados. Assim, intensificaram o repugnante tráfico de escravos, trazendo negros da África como mercadoria vendável. Era a substituição do índio pelo negro.

A partir daí, algumas populações indígenas, especialmente no México, recobraram seu anterior poder político. E as potências coloniais foram perdendo seu anterior apogeu até que, nos dias de hoje, algumas delas quase inexistem, se comparadas ao poderio anterior. Nenhuma, por exemplo, chega sequer perto da hodierna Alemanha em matéria de produto interno bruto. E a Alemanha não tem uma colônia sequer.

Assim, Portugal, o mais antigo império europeu; a Espanha, que teve o maior território colonial das Américas; a Inglaterra, que não é nem sombra do que foi; e a França, de vocação igualmente colonialista, perderam quase toda a fonte de riqueza trazida de fora de seus territórios europeus. Ficaram, ainda, na América, algumas raras possessões ultramarinas de que são escassos exemplos algumas ilhas do Caribe.

No Oriente, as coisas se passaram de modo similar. A Malásia e a Índia livraram-se do jugo britânico que, mais recentemente, restituiu Hong Kong à China; as Filipinas deixaram de ser espanholas; a França foi corrida da Indochina. Estive em Macao meses antes de Portugal devolver este enclave à China.

O mesmo ocorreu na África, apesar da assunção, por parte da Inglaterra e da França, do que pertencia à Alemanha até a Primeira Grande Guerra. E mesmo a partilha entre franceses e ingleses, no Oriente Médio, não prosperou. As lutas de independência venceram e os poderosos impérios europeus foram caindo um a um.

É bem verdade que isso não se deu com o império russo, em sua inexorável marcha para o leste. Nesta, anexou territórios e mais territórios que situam a Rússia, hoje, como o maior país do mundo em extensão territorial. Algo parecido ocorreu com a Polinésia e a França, em pleno Pacífico. Mas isso é do lado de lá do mundo. Não vem ao caso enfocar aqui.

Do lado de cá, sobraram algumas ilhas, entre elas as Canárias, no Atlântico oriental, de onde estamos partindo, e algumas outras ainda, no Mar das Caraíbas, no Atlântico ocidental, para onde estamos indo. Logo saberemos o que acontece naquelas colônias, ainda sob o domínio dos seus "descobridores".

Quarta-feira, 22 de novembro

Coordenadas das 22h GMT de terça-feira: 27.15 N e 015.50 W.

Passa da meia-noite. Tirei a diferença: dormi das 16h até às 22h. É o início da adaptação aos turnos de vigília, que já começamos a cumprir. O meu se iniciaria à meia-noite. Assim mesmo, levanto da retardada siesta e encontro o Tatu às voltas com o *weather-fax*. Procura inteirar-se das condições do tempo em nossa rota. Para tanto, acaba de fazer contato com o Rafael, o rádio-amador residente na Gran Canaria, que presta um inestimável serviço de apoio aos navegantes do Atlântico todo. Ele também, de forma geral, atende a chamadas e consultas do mundo inteiro. Seu trabalho é impressionante.

Outro operário da radiofonia amadora é o Altino, que fala na mesma faixa do Rafael, desde os Açores. O mesmo ocorre com o Alberto, que fala desde Santa Fé, na Argentina. Os três são os anjos da guarda de quem navega por aí, colaborando para a segurança da navegação de forma totalmente desinteressada.

Outro trabalho maravilhoso é o da América. Situada em Curitiba, também rádio-amadora, serve de apoio a todos os navegantes brasileiros que se largam Mar afora. Propicia contatos com familiares, providencia na entrega de encomendas, liga para as pessoas e até dá conselhos. Enfim, o trabalho da América é grande porque tem a inspirá-lo sua qualidade primeira: a solidariedade. Obrigado, América!

Olho o entorno e mal consigo divisar os clarões da Gran Canaria e, mais para o través, os últimos vestígios de luz das ilhas La Gomera e Tenerife. Já distamos mais de 60 milhas da mais próxima delas.

Tenerife! Que diferença da agitada Gran Canaria. Muito embora a dita civilização já esteja avançando também ali, ainda existem lugares encantadores para serem visitados; lugares onde o "turistismo" não chegou com tanta força. Embora já existam shopping centers, com seus modismos, com seus *souvenirs* e outras frivolidades modernas, em Tenerife ainda se pode viver só calçando chinelos de dedos e vestindo bermudas e camisetas.

Lembro-me da vida dos habitantes dos *motus* das Iles de la Societé, na Polinésia. Que vontade de tornar a navegar por Morea, Raiatea, Tahaa, Huahine e Bora-Bora! Que maravilhosa natureza fez das bordas dos vulcões afundados os enrocamentos naturais que circundam aquelas ilhas do paraíso. Se o paraíso existe, ele fica na Polinésia, para onde um dia hei de retornar. Quem sabe, para lá ficar até o fim...

Lembro, também, a inesquecível velejada pelo Mar Egeu e suas ilhas de Aegina, Poros e Hydra, onde fomos apresentados ao vento Mistral... Saídos da grande Marina de Pireus, Atenas, a Magra e eu fizemos uma das nossas melhores navegadas. Conhecemos o interior daquelas ilhas, prenhes de história e cultura, de monumentos e restos da civilização que empolgou, por séculos, o mundo então conhecido. São hoje o silencioso testemunho da grandeza grega.

Vou ao convés dar uma olhada para fora. Os cascos do *Haaviti* marcam na água duas luminosas trilhas de luz. É a incandescência dos *noctiluca miliaris*, o protosoário marinho que se acende, quando atritado. O mesmo ocorre quando os golfinhos, em desabalada carreira, parecem competir com o barco em velocidade. Fazem belíssimas evoluções por baixo e pelos lados da embarcação, marcando sua presença noturna com os incontáveis fachos de luz que marcam seu caminho.

O protozoário lembra meu primeiro barco: o *Noctiluca*, um trinta pés de madeira. Comprei-o do grande *Capitan* Ernesto Dreher, já falecido. Foi minha primeira paixão vélica. Navegando sozinho, batendo em pedras, encalhando e rasgando velas como nunca se viu, fui curtindo a dor do aprendizado de velejar em solitário. Em compensação, contava com o apoio de tantos queridos amigos, verdadeiras máquinas de velejar das quais qualquer dia desses eu falo. Eles tornaram menos árduo o duro aprendizado.

O maior problema é que eu tinha pressa: queria recuperar o *tempo perdido*. Afinal, já era quase cinquentão e não faltou quem dissesse que eu deveria arrumar uma atividade mais compatível com a minha idade. A vela era só para os jovens e fortes. Além disso, velejador com pressa, velejador nunca será. E o tempo vinga-se das coisas que são feitas sem a sua colaboração. O tempo é implacável, especialmente para quem não sabe esperar.

Mas, eu já me apaixonara pela vela. Estava irremediavelmente contaminado. Talvez minha atávica mistura de vikings, portugueses e espanhóis, povos velejadores, me empurrasse para o Mar. E eu fui lutando para que o tempo refizesse o que desfez. Que botasse no meu corpo uma outra vez. Ainda não era hora de se consumar o tempo, como diz Chico Buarque:

preciso descobrir num último momento
o tempo que refaz o que desfez
que recolhe todo o sentimento
e bota no corpo uma outra vez.

Depois, veio a turma do *Madrugada*. Aprendi muito com o velho *"Madruga"*, levando-o para cima e para baixo, quase sempre em companhia do Joca. Só nas operações de translado do grande barco, o Joca e eu navegamos juntos algo em torno de 5.000 milhas. Do Rio Grande até o Rio de Janeiro, foram navegadas que nunca esquecerei. O Joca era um grande parceiro. Foi embora cedo demais.

Outro que desfalcou a galera do *Madrugada* e nos deixou antes, muito antes do tempo, foi o grande velejador Jules Lebris. Estive com ele na última vez em que pisou em um barco. Levávamos o *Madrugada* do Rio de Janeiro para Florianópolis. Do amargo desaparecimento daquele velho lobo do Mar, escrevi e vi publicado o seguinte:

A última velejada

Conheci Jules Lebris no último verão, na subsede do Veleiros da Ilha, em Jurerê. Lá permaneci até o final de fevereiro, em longos papos com o popular Francês. Homem de personalidade forte, afável, brincalhão como poucos, debochado, de fina ironia, seu comportamento não disfarçava, contudo, sua sólida cultura humanística amealhada através de intenso gosto pela leitura. Às vezes contava algumas façanhas, como a de atravessar o Atlântico desde o Marrocos, ir às Malvinas e finalmente aportar em Florianópolis com seu barco que dali nunca mais saiu.

Ao término da temporada, quando de minha volta de Jurerê, estava contando com a invejável experiência do Jules para trazer de volta o Molecão para Porto Alegre. Ele só poderia vir, no entanto, no dia 1º de março, sexta-feira. Como o nordestão entrou no dia 25, segunda-feira, decidimos, o Joca e eu, zarpar no dia seguinte. E o Jules, então, não pode vir.

O Francês empreendeu sua última navegada, a bordo do Madrugada. Juntos saímos de Ilha Bela no dia 16 de julho do corrente ano. Pela primeira vez, senti-o quieto, reservado, taciturno. Quase nada comeu ao longo de todo o traslado. Apenas abrigou-se com muita roupa a fim de evitar o enjoo provocado frequentemente pelo intenso frio do alto-Mar. Aquele falastrão incorrigível, navegador carismático, amigão afável ficou em terra. No Madrugada, embarcou alguém desconhecido, silencioso, discreto.

Que insondáveis abismos estaria o Francês tangenciando? Que grito teria sufocado em seu peito de homem bom? Lembrei-me de "A Medida do Abismo", do Vinícius de Morais, que diz:

Não é o grito a medida do abismo?
Por isso eu grito sempre que cismo
Sobre a vida tão louca e errada...
Que grito inútil
Que imenso nada.

O Jules se foi sem cumprir a promessa que me fizera: subir no Molecão para Angra dos Reis no fim do ano. Deixou um bilhete onde dizia: decidi zarpar de vez para outros horizontes. Em mim, deixou a sensação acre-doce de tê-lo acompanhado em sua última velejada (de São Sebastião a Florianópolis). No dia 6 último passado, morreu em Florianópolis. Deu-se um tiro na cabeça, abrindo um rombo dolorido no coração de seus inúmeros amigos que tanto o queriam.

....

Quando o *Madrugada* foi campeão brasileiro, em 1991, eu estava na tripulação que ganhou a famosa Regata Santos-Rio. Tudo era uma festa só, após uma das piores navegadas que jamais fiz. Quase todos enjoaram muito. O Manfredinho, com mais de dois metros de saúde, resolveu ter hipotermia; o Jackson "morreu" e ficou grande parte da regata atirado no convés. Quanto a mim, acho que só parei de vomitar na semana passada. O Biriba, sentado na borda a meu lado, dizia: *oh, Amora, vomita aqui que é mais fácil.* E eu, espremido entre dois daqueles monstros, não tinha outra saída senão vomitar por entre as pernas do Biriba: a mais não poder, sem cerimônia, até porque velejador não é de cerimônia.

Foi uma loucura geral. O Tatu e o Guile vomitavam antes mesmo da largada em Santos: haviam mergulhado, momentos antes da partida, para examinar o casco do barco e já subiram "chamando o Hugo". Estavam roxos de frio. A água estava gelada.

Pois no ano seguinte, a convite do Nelson Ilha, lá estava eu, novamente, desta vez a bordo do BCN-Carrefour. Ia participar, outra vez, daquele programaço de índio. E isso que no ano anterior eu decidira: nunca mais vou correr a Santos-Rio. Só se fosse louco. Mas como o Nelson é ainda mais louco do que eu, caiu na asneira de me convidar e, todos sabem, não me convidem porque eu aceito...

Naquele tempo – e nem faz tanto tempo assim –, surgiram grandes oportunidades que agarrei com as duas mãos, como a referida estreia do Tuchaua no Mar, ou o percurso de Parati a Salvador, a bordo do Coral, na companhia do Ernestão Neugebauer e do Joca. Dezenove dias embarcados no Coralzinho serviram-me de grande escola, tendo por professores o velho Capitão "quatro-três-três" e o saudoso *Camarão*. Naquela ocasião, pela primeira vez estive nos temidos Abrolhos, onde afundaram tantos navios dos tempos do descobrimento. O Ernestão confiou a mim as manobras de aproximação e entrada naqueles perigosos recifes. É que, dias antes, eu já dirigira a estreita entrada noturna em Cabo Frio. Acho que ele levou fé no aprendiz de navegador, mas até hoje ele não sabe o quanto me senti honrado.

Lembro, ainda, desses primeiros tempos, o translado do Garimpeiro, de Floripa a Porto Alegre, junto com o Paulinho Parafuso e o Tande. Ali assisti ao primeiro peixe fisgado no corrico, perdido por ser muito grande: rebentou a boca do dourado por causa de seu excessivo peso, combinado com a demasiada velocidade que o barco desenvolvia na ocasião. Estávamos surfando a oito ou nove nós. E não há boca de peixe que resista a tal velocidade. Ficou só a rapala.

Já perdi a conta dos translados que fiz. Foram muitos. Em todas essas ocasiões, eu próprio me escalava de navegador e ia aplicando, na prática, o que aprendera nas inesquecíveis aulas de navegação proferidas pelo Nego Márcio. Era pura diversão. Jamais vi, em minha já longa vida de magistério, alguém ensinar com tanta graça e autoridade. O Nego dava aula com o copo de *whisky* na mão, eu tocava piano e todos davam grandes risadas. Resultado: no exame de arraes, na Marinha, todos os alunos daquela turma foram aprovados. E com distinção. Jamais vi alguém ensinar com tamanha facilidade. Onde andará o Nego?

Cheguei tarde na vela. Por causa do Rafael, o popular Finha, meu caçula, que tinha oito anos de idade quando começou no Optimist, terminei gostando da coisa. Contaminei-me definitivamente quando, há não mais de quinze anos, entrei pela primeira vez em um veleiro. Foi no *Aloha*, para assistir, junto com o querido Reneu, a uma regata de que participavam nossos filhos. Achei demais. Para variar, entrei de cabeça... Fiz um breve curso com o Marcelinho Lopes, grande velejador e mestre, grande cara, e me botei a navegar sozinho por aí, dando trombadas a torto e a direito. Foi duro. Mas foi um barato.

Acho que essa coisa de idade não tem mesmo nada a ver. Neste ano de 2.000, já sessentão, estimulado pelos meus filhos Gringo – o Omar, filho do Mar até no nome –, e Rafael, meti-me num curso de mergulho. Adorei. Poucos meses depois, já estava com o *log* bem respeitável. Além de percorrer Santa Catarina por diversas vezes, mergulhei em junho, com o Rafael, na Barreira de Corais australiana; ele mora lá. Fui também mergulhar com o Omar em Fernando de Noronha, em agosto passado. Ambos são mestres em mergulho.

O Gringo mergulha há uns vinte anos. O Rafael bateu outro recorde: enquanto o pai dele começou aos 60, o filho Canguru mergulha desde os 10. Não sei como o Gringo conseguiu licença para isso.

A Andrea – minha filha querida –, influenciada pelos irmãos e pela minha "coragem", sentiu-se constrangida e também já fez o curso de mergulho. Obstinada do jeito que é, vai longe. Aliás, em janeiro, iremos todos a Noronha. O Gringo e eu, pela segunda vez.

Agora só falta mesmo a Magra concluir seu curso de mergulho e todos nós levaremos o Aurélio para mergulhar também. Não foi por acaso que ele herdou o nome do meu inesquecível pai. Só espero que não abuse de sua enorme resistência, porque o mergulho envolve riscos. É a segunda atividade física onde mais ocorrem acidentes fatais. E exige perfeita saúde. Não por nada, todos nós – os quatro filhos, a Magra e eu – "rengueamos da mesma perna": somos corredores de rua, amantes do preparo físico...

....

Para o segundo turno do dia, o Tatu me acordou às seis horas em ponto. A lua minguante vem pela alheta de bombordo. Está lindíssima. Vários navios estão à volta, com as luzes de navegação indicando seus rumos. A noite é calma; não há vento. Se a calmaria pegou os barcos do *Rally* da ARC, que saíram 47 horas antes de nós, creio que os alcançaremos até amanhã, no máximo. Devem estar boiando, parados, sem vento. Paradoxalmente, estamos na rota dos grandes ventos e das fortes correntes. Ou será que erramos o caminho das pedras?

A ARC não é, de fato, uma regata propriamente dita. Ao contrário, ela se constitui em uma festiva travessia do Atlântico Norte, unindo o agradável e o útil: ao mesmo tempo em que as tripulações empreendem a travessia, por si só motivo de grande júbilo, fazem-no em companhia de muitos outros barcos o que, convenhamos, é muito bom em termos de segurança. Numa travessia destas, antes mal acompanhado do que só...

Assim, como os barcos da ARC não devem ligar os motores, pois é, evidentemente, uma regata a vela, estamos encurtando em muito a distância que deles nos separa.

Não há vento; seguimos a motor. O Mar está um espelho. A não ser por sua pulsação, nada se mexe. Para muitos, a calmaria é pior do que a tempestade. Não por nada, quando Colombo aproximava-se do Caribe, nos últimos dias da primeira travessia, enfrentou sério motim a bordo. Causa primeira: a exasperante calmaria.

Quanto a mim, prefiro a calmaria. Detesto tempestades!

....

São oito horas da manhã. Faz tempo, o dia amanheceu. Já fiz minha ginástica diária. Terminou o meu quarto. Está na hora de chamar o Graeff.

Olho mais uma vez a carta. Estamos com a proa diretamente na foz do Amazonas, que fica na linha do equador, paralelo zero, do outro lado do Atlântico. A distância em linha reta ate lá é de, precisamente, 2.515 milhas. St. Martin está na altura do paralelo 18. Saímos da Gran Canaria, no paralelo 28. Nosso rumo é sudoeste – 227 RM.

....

Acordo-me às 10h e ponho o corrico n'água. Hoje tem que dar certo. Se contados desde as Baleares, faz mais de quarenta dias que estamos no Mar, e nada de peixe. Em compensação, é a primeira vez que me encarrego da tarefa de lançar o corrico. Cansei de recolher a linha d'água sem nada. Estamos loucos por um peixe. Chega de frango e carne de vaca, que só raramente eu como. Hoje tem que dar peixe.

O tempo corre, quase batemos em um enorme carretel de madeira boiando neste alto-Mar. E então, quando menos se esperava, bimba! O *Pé-quente* embarcara outra vez no *Haaviti* e nós pegamos um enorme dourado. Como não sou pescador, não vou dizer que ele tinha quase um metro de comprimento e mais de dez quilos. Mas que ele tinha... No momento em que foi fisgado, nossa posição era 26.11.6N e 017.15.7W.

O peixão lutou bravamente; até voltou para a água, embora fisgado e já em cima do barco. O Tatu despejou vodca nas guelras, a fim de acelerar a morte do pobre bicho. Em silêncio e comovidos, assistimos à verdadeira procissão de peixes que se seguiu: era o cardume que acompanhava nossa presa. Íntima e silenciosamente, ficamo-nos perguntando: será que o peixe existe mesmo para ser fisgado? Ou seria ele como as gaivotas, que não servem de alimento ao bicho-homem? Às vezes é bem difícil separar o certo do errado, o bem do mal, o necessário do supérfluo. Melhor seria se fôssemos maniqueístas. Esses não têm dúvidas...

Quinta-feira, 23 de novembro

Coordenadas das 22 h GMT de quarta-feira: 25:37 N e 017.54 W.

O Tatu me acorda à zero hora para o meu quarto. O tempo é bom, o céu é maravilhoso e a constelação de Orion está aqui sobre nossas cabeças, ligeiramente voltada para o nordeste. O vento começa a se manifestar vagarosamente. Estamo-nos aproximando da zona em que há bons ventos.

Pelas informações de SSB, há ventos de nordeste, com 10 a 15 nós de velocidade, nas coordenadas 24 N e 023.5 W; ventos de leste-nordeste, com 20 nós de velocidade, em 20 N e 020 W, e, estranhamente embora, ventos de 20 nós na posição 25 N e 32 W, mais acima, pois, do que era de se esperar.

Como se vê, esta última posição não está dentro da faixa da grande curva em que normalmente coincidem ventos e correntes. Ainda que a latitude não fuja do normal, 25 N, a longitude em 32 W – na altura da fronteira entre o Marrocos e a Mauritânia, mas a 900 milhas da costa –, de certa forma não é muito tranquilizadora. Por que este vento relativamente forte, a meio caminho entre a costa africana e a cadeia montanhosa do meio do Atlântico, a *Mid Atlantic Ridge*, onde normalmente formam-se os furacões? Se não chega a ser muito forte, também não é uma simples brisa. Mas é *muy sospechoso*.

De qualquer forma, dentro de mais dois dias estaremos entrando na região onde se situam os bons ventos noticiados. Possivelmente, ao apanhá-los, desligaremos os motores. Afinal, não dispomos de combustível nem para a quinta parte da travessia. E nenhum de nós pretende ficar boiando numa calmaria que não se sabe quanto pode durar. Se a coisa continuar assim, arribaremos para o Arquipélago do Cabo Verde, a fim de reabastecermos.

....

Levanto-me às 6 horas. Antes, pelas três e alguma coisa, entrou o que parecia ser vento suficiente para ir só a pano. Não era. Ficamos só no querer.

A lua está, outra vez, pela alheta de bombordo. Nosso rumo é o mesmo de 230 graus. Nossa proa ainda é a foz do Amazonas, 2.371 milhas distante. Agora, estamos a 7-7,5 nós de velocidade – uma brisa de norte-nordeste está ajudando. Ainda assim, ela não consegue armar o grande, que deve permanecer cassado. Talvez seja o comecinho do vento que, espero, teremos amanhã. A genoa continua enrolada. Foi aberta pelas três horas, mas não deu pé. Ademais, estamos adentrando a corrente. Tudo vai melhorar.

Surgem os primeiros sinais da aurora boreal, eis que estamos no hemisfério norte. O sol vai-se levantar no horizonte daqui a pouco, às 07h 36min. Em ponto. Logo mais, à tardinha, ele vai-se pôr às 18h 25min, menos de onze horas após haver nascido. Os dias são bem mais curtos que as noites. É quase inverno. Daqui do alto-Mar, pode-se conferir, em minutos, a precisão dos horários previstos. Como nas marés, não há erro. A mecânica celeste é perfeita. Imperfeito é o homem...

Estamos começando a alcançar algum barco da ARC. Pelo nosso bombordo, já pelo través, há uma longínqua luzinha que aos poucos vai ficando para trás. Pode ser um dos competidores do *Rally*, andando lentamente, se comparado a nós, que estamos sendo ajudados pelos motores. Está muito distante para perceber-se a cor da luz, provavelmente verde, de boreste, portanto. Seu rumo deve ser paralelo ao nosso. Daqui a pouco, quando amanhecer, já não o veremos mais por causa da luz do dia. É por isso que prefiro velejar à noite.

....

Como é linda a alvorada! É vida. É o prenúncio de um novo e bom dia. É o começo, outra vez; é o recomeço. É o avesso do avesso, como diria o Caetano. O avesso é o que não é bom; o avesso do avesso é o que há de bom. Estes dias têm sido – como tudo deve ser – o avesso do avesso. A vida é boa; é maravilhosa. Há que se curtir a vida, porque é peça de um ato só. Não tem ensaio, nem intervalo. Em seguida, vai-se embora.

Então, por que não podemos aproveitar, em sua inteireza, o milagre da natureza que nos deu inteligência para pensar? Será que não podemos concluir como a filosofia chinesa, que pergunta: teu problema tem solução? Então, por que te preocupas? Teu problema não tem solução? Por que te preocupas?

Vejo gente de pé-no-chão, ou andando com um *dockside* aos pedaços nos pés, com uma bermuda que melhor estaria na lata do lixo, envergando uma camiseta já transparente de tão batida, a barba por fazer, ou usando um vestidinho gasto; muitos com os cabelos desgrenhados, alguns com as unhas encardidas de graxa e o andar um pouco mais lento que o da tartaruga. Mas todos com a cara mais feliz do mundo! São os velejadores; os "desajustados". São os rebeldes que dizem não ao que o sistema lhes quer impor.

Essa raça nunca será extinta. Ao contrário do que se pensa, é cada vez mais numerosa. Andam pelos quadrantes do mundo, muitos deles trabalhando em biscates, fazendo reparos aqui e ali. Todos eles, com dinheiro ou não, levando a doce vidinha do Mar salgado. Têm tudo o que precisam: teto, natureza, peixe abundante, boa leitura e carinho, talvez. Até para os navegadores em solitário, que recebem sempre a atenção de seus circunstantes, os outros velejadores.

O velejador do mundo nunca está só. Ou ele está consigo mesmo, convivendo bem com seu espelho, ou em companhia de outros velejadores, nos portos, baías e abrigos a que todos chegam. Ou, até mesmo, durante as navegadas, trocando ideias, via rádio SSB. Formam todos uma comunidade solidária, amiga, sem mistérios, simples, despojada. Feliz.

Assim é a vida do Mar. Não é refinada, não tem roupa da moda, os *souvenirs* ficam onde estão, na própria natureza. Não se vai ao cabeleireiro, raramente se lê jornal. Televisão? Só se for como caixa para depósito das frutas. Mas, nessa vidinha, tem-se felicidade garantida. E tempo a se perder de vista.

A propósito, é marcante, entre os velejadores, o gosto pela leitura. Afinal, tempo é o que não lhes falta. Disso resulta um generalizado e ótimo nível cultural. Em muitas marinas, encontram-se prateleiras e mais prateleiras de livros à disposição dos navegadores, para serem trocados por outros livros. Não se trata, veja-se bem, de retirar um livro para, depois, trazê-lo de volta. Nada disso: leva-se o livro e, em um outro porto qualquer, ele é deixado para outro leitor. É um rodízio sem parar. É a difusão da cultura em geral que transcende a leitura náutica, como se poderia supor. Inclui-se aí o que, para certas pessoas, denomina-se cultura inútil. Como se isso existisse...

Os atenienses, como os romanos, preocupavam-se grandemente com a educação do povo em geral. Regidos por leis escritas, o povo deveria saber ler para conhecê-las. Não é por nada que tantos e tantos institutos jurídicos do direito privado, no mundo contemporâneo, são idênticos aos adotados pelos romanos. Mas, a par do enfraquecimento geral do Império, o estudo das leis foi sendo deixado de lado. E a tal ponto que Cícero, o grande tribuno, proferiu a célebre sentença segundo a qual *Nós aprendemos a lei em nossa adolescência, mas os jovens de hoje já não a aprendem mais*. E sabe-se o que ocorreu: o grande Império desmoronou...

No século XVIII, a Prússia era o único país do mundo que possuía uma política educacional. Aos cinco anos de idade, as crianças deveriam ir, obrigatoriamente, à escola. Frederico, o Grande, obrigou as crianças a frequentarem a escola dos cinco aos treze anos, pelo período de seis horas por dia. Assim, todos os germânicos eram alfabetizados. E veja-se até onde chegou, a despeito de duas vezes ter sido completamente devastada pelas guerras mundiais. Não me dou por suspeito para falar: eu não sou alemão nem de longe. Apenas gosto de ler...

Mais adiante, não muito depois, surgiram os rígidos regimes educacionais da Escócia, da Holanda e da Suíça. O estudo principal era – e em certa medida ainda é – o das ciências humanísticas, com especial preeminência para a filosofia, muito embora, para alguns espíritos práticos, a filosofia seja *a ciência tal sem a qual o mundo seria tal e qual...*

Muitos povos foram e continuaram sendo dominados por sua falta de conhecimento. Não foi por nada que, na Corte de Luís XVI, pouco antes da Revolução Francesa aniquilar o regime vigente, dizia-se que todo homem que olha um pouco adiante de sua terrível rotina diária não cumpre seu trabalho com dedicação e paciência. O conhecimento desperta. E contraria certos interesses...

Na Inglaterra, nos primeiros anos do século XIX, pensava-se, na intimidade da realeza, que dar educação ao povo hindu seria ensiná-lo a exigir seu próprio quinhão. A educação da plebe não interessava aos dominadores. Até hoje, aqui e ali, tanto na própria Corte, quanto na ex-Colônia, ouvem-se discretos lamentos de que a Inglaterra perdeu a Índia porque educou seu povo...

As Cortes espanholas entendiam ser muito perigoso ensinar os mexicanos a ler. Mais cedo ou mais tarde, estes despertariam para sua independência. Era preciso mantê-los ignorantes. E na própria Corte, poucos eram os que sabiam ler e escrever. Por paradoxo, em que pese seu mais recente crescimento, a Espanha de hoje ainda tem de se esforçar para atingir os índices exigidos pelo desenvolvimento. Não é mais nem sombra da potência que foi no passado, inquestionavelmente.

Dessa superficial e breve reflexão, verifica-se que os países que adotaram o ensino como política de Estado desenvolveram-se, logrando posição de destaque no concerto geral. A maioria deles não possui colônias, de há muito. Os que as possuíam, renderam-se às suas independências e autodeterminação. De certa forma, em alguns casos, contrariaram o velho princípio bélico segundo o qual, terra conquistada pela força, somente pela força será reconquistada.

Os mais resistentes ainda estão, aqui e ali, tentando sem sucesso manter o pretérito apogeu. Sua prosperidade vinha das colônias. O exemplo de Portugal, em relação ao Brasil, é emblemático. Antônio Ribeiro Sanches dizia, na Corte, que manter escolas nas remotas províncias redundaria em escassez de trabalhadores no campo. Não era, apenas, um escravagista. Era, como os de seu tempo, profundamente retrógrado. Certamente, para ele, as letras constituíam-se em cultura inútil...

....

São 07h 38min. Um fiapo de luz entra na cabina onde estou escrevendo: o sol nasceu há 2 minutos atrás! Já está sendo um belo dia.

....

O vento, bem devagar, vai dando mostras de estar presente. Já se formam os primeiros carneirinhos na superfície do Mar. O dia está claríssimo e cada vez mais quente. Na marcha para o sudoeste, vamos alcançando latitudes mais próximas da região equatorial, embora ainda situados no paralelo 24.21 norte. A proa continua apontada para o outro lado do Oceano, na foz do Amazonas, 2.316 milhas distante.

O almoço está na mesa, na coberta externa, para comemorar o lindo dia. Foi para a panela, devidamente ensopado, o restante do dourado que fisgamos. Junto com um pirão dos deuses. Não deixamos nem vestígios para o Tatu limpar. Ele foi o voluntário da vez para lavar a louça.

São 16 horas. O vento começa a aumentar. O Mar fica mais encrespado. O melhor era dar o jaibe, porque encurtaríamos o percurso, subindo a proa para as latitudes do Caribe. No entanto, isso nos afastaria da rota dos melhores ventos. O caminho seria mais curto, mas andaríamos mais devagar.

O motor de bombordo é desligado. Ao invés do jaibe, orçamos mais vinte graus a fim de melhorar o vento aparente. Catamarãs, não esqueçamos, não andam bem de popa rasa. Aliás, nenhum barco anda bem de popa. Com a orça, encompridamos ainda mais a nossa rota. Estamos agora com a proa lá pelo Rio de Janeiro. Nem sei bem para onde, precisamente, porque, desligado também o outro motor, estamos somente a pano!

A vida mudou. O vento mudou. O barco mudou. Tudo mudou. Estamos fazendo o que mais gostamos: velejar, somente velejar, sem o barulho de máquinas. Assim, podemos ouvir o Mar!

....

O jaibe teve que ser dado. O barco irá melhor se amurado a bombordo. Vamos bem de cara para o sol. A proa subiu: St. Martin está, a 2.445 milhas, bem na nossa frente. Nossa velocidade é de 6 nós. Estamos a 1.044 milhas de Gibraltar. De Arcipres Grande, na costa da Mauritânia, estamos a pouco mais de duzentas milhas. Tudo isso em linhas retas. O rumo mudou para 260 graus. Mas esse certamente não será, como antes dito, o rumo até nosso destino.

Daqui a pouco, o sol vai-se pôr. Às 18h 31min. Seria a hora em que Cristóvão Colombo tomaria sua posição no planeta, utilizando-se do sextante. E nós aqui, com toda esta facilidade do GPS, que fornece nossas posições na hora que bem entendermos. Instantaneamente. Precisamente.

O vento parece que firmou de vez. Vamos, paulatinamente, aumentando a velocidade. Os alísios não costumam enfraquecer durante a noite, como ocorre em outras latitudes. São constantes, dia e noite. Ou devem ser. São um dos mais desejados fenômenos que o velejador anseia por encontrar. São os tais *trade-winds*, ventos que os mercadores aproveitavam para levar suas mercadorias a remotas plagas. Daí seu nome. Como os árabes, por exemplo, que usavam as monsões em seus deslocamentos até a Índia. São ventos encontrados em vários outros lugares deste planeta água.[*]

---

[*] Sempre me pergunto: por que essa coisa de chamar nosso planeta de Terra? Afinal, nossa grande nave espacial não tem sua superfície constituída de água e terra, numa proporção de 3 para 1? Então é planeta água!

Sexta-feira, 24 de novembro

Coordenadas das 22h GMT de quinta-feira: 25.58 N e 020.17 W.

Sinais da alvorada. Outro dia raiando em nossas vidas. A lua minguante já nasceu. Hoje, ela é mais branca do que ontem. Aliás, é um misto de branco e cinza. O estreito anel inferior é branco; o resto dela é cinza. Amanhã, ela nascerá junto com o sol. Será a lua nova que vai, inteira como uma bola, acompanhar ao longo do dia o astro-rei em sua viagem pelo céu. Até ficar lua crescente. A partir de então, começará a nascer ao meio-dia, e assim sucessivamente.

O lusco-fusco do alvorecer dá à lua minguante, quase nova, menos contraste do que em noite fechada. Mas torna-a ainda mais bonita: ela domina o entorno das constantes nuvens destas latitudes. Aliás, a presença das nuvens confirma que estamos na rota certa, embora andando ainda muito para o norte em relação a St. Martin. Quando atingirmos o paralelo 20 N, negociaremos com o vento a fim de apontarmos para o oeste puro. O que até aqui foi uma progressão para o sudoeste, será um caminho para o oeste, embora, ainda, acima de St. Martin. Depois, buscaremos tirar essa diferença de dois graus na latitude, rumando para o poente até o destino final. Então, teremos percorrido o famoso arco dos ventos e correntes do Atlântico norte-equatorial.

A velocidade não baixa mais de sete nós. Trata-se, agora sim, de um barco a vela.

No quarto passado, o da meia-noite, não consegui escrever. Havia ficado quatro horas na frente do *laptop* e isso me provocou um certo mareio. Não foi bem um enjoo, mas algo semelhante. Nesses casos, para-se imediatamente o que se está fazendo e busca-se o ar puro do Mar. Bem de frente para o vento. E troca-se a atividade. Foi o que fiz: fui brincar de velejar, timoneando, a pensar no que estariam fazendo, naquele momento, os meus amores. E o que fazer com a minha saudade.

Dizem que a saudade aumenta na proporção da distância que se está do bem querido. Quanto mais longe, mais falta do bem amado se sente. A minha tem aumentado, mas não por isso. Na verdade, quanto mais nos afastamos da África, mais nos aproximamos do Novo Mundo. E se considerarmos o atual rumo do barco, para sudoeste, estaremos indo diretamente para o Brasil, embora muito longe de casa. Nossa proa está, agora outra vez, na foz do Amazonas. De qualquer forma, ela aponta para casa.

Mas, logo ali, virá outra troca de bordo, e a proa vai subir para as Antilhas. Não tem remédio. Vai demorar muitas semanas para eu rever os meus amores. Ah a saudade! Sobre ela, diz o grande Chico:

Oh pedaço de mim
oh metade afastada de mim
leva o teu olhar
que a saudade é o pior tormento
é pior do que o esquecimento
é pior do que se entrevar.
Oh pedaço de mim
oh metade exilada de mim
leva os teus sinais
que a saudade dói como um barco
que aos poucos descreve um arco
e evita atracar no cais.
Oh pedaço de mim
oh metade arrancada de mim
leva o vulto teu
que a saudade é o revés do parto
a saudade é arrumar o quarto
do filho que já morreu.
Oh pedaço de mim
oh metade amputada de mim
leva o que há de ti

que a saudade dói latejada
é assim como uma fisgada
num membro que já perdi...

Desligo a luz de navegação e vou tentar dormir. Será que consigo?...

....

São dez da manhã. A noite toda passamos dialogando com o vento. Ele torce de um lado, a gente vai junto; ele volta, a gente retifica. Vamos regulando o rumo para que o vento entre sempre no mesmo ângulo em relação às velas. Do contrário, a vela que estiver armada por avante desarma, paneja e perde-se velocidade. Durante a noite, ali está a genoa, em asa-de-pombo; de dia, vamos com o balão assimétrico. Decididamente, não se veleja à noite com ele porque, além de outras complicações, o balão é muito mais exigente do que a genoa, quanto ao ângulo de recepção do vento. Desarma pela mínima variação e arrisca-se a enrolar-se no estai. O balão é um temperamental. Mas ajuda muito.

O céu vai ficando nublado. O Mar está barbudo. Ao menos, assim parece: crespo, com a barba à mostra. Até ontem, quando o vento o arrepiou, estava bem escanhoado. Era muito bonito, estava espelhado. Refletia o azul do céu. À noite, ele e o céu pareciam uma coisa só; tudo era um único céu. Não se divisava o horizonte. Eram estrelas por cima e por baixo, refletidas na água. Parecia que, como os astronautas, navegava-se no espaço, por entre as estrelas.

Ainda assim, prefiro o Mar como está agora, com a barba por fazer, toda eriçada, embranquecida em virtude da alvura das cristas das ondas, quando estas quebram com o vento forte na parte de cima. A barba branca denuncia que é bem velho. E, cada vez, em situações como esta, fica mais carrancudo, menos amistoso. Mas mais velejável. Os ingleses dizem que o Mar está de mau humor; *moody*, dizem eles. Não acho que seja para tanto. Ao menos, agora, não é. Ele apenas dança com o vento que tanto almejávamos. Ele ainda não está muito violento.

....

É interessante o efeito dos ventos no Mar. Quando são permanentes, persistentes como os *trade-winds*, provocam as conhecidas e sempre desejadas correntes oceânicas, verdadeiros rios que correm dentro dos mares. Essas correntes formam-se em qualquer região onde a superfície da água seja constantemente varrida por ventos que rumem sempre na mesma direção.

Essas enormes massas d'água, que se deslocam dentro dos oceanos, derramam-se em direção às margens continentais e, daí, são necessariamente refletidas para uma outra direção. Não podem, obviamente, entrar terra adentro. E o novo rumo será o dos ventos prevalentes na nova região atingida.

É isso o que ocorre com a Corrente Norte-equatorial, que se move de leste para oeste, atravessando o Atlântico em direção à América Central. Segue o curso dos ventos alísios que sopram nesse sentido, entre os paralelos 10 N e 25 N, conforme a época do ano. Assim, esse corredor de vento, que tem mais ou menos a largura de 15 graus, ou novecentas milhas marítimas, cria uma *cabeça d'água* do outro lado do Atlântico, no Golfo do México e no Mar do Caribe.

Essa *cabeça* emerge na área do Estreito da Flórida, ao norte de Cuba, escapa para o nordeste e, com a denominação de Corrente do Golfo, a *Gulf Stream*, vai colidir, na região da Nova Escócia, com a Corrente do Labrador, que vem do norte.

A *Gulf Stream* é das mais velozes correntes do planeta. Recebe toda a água da larguíssima Norte-equatorial e mais um pouco da Corrente do Labrador. Ainda assim, porém, mantém-se ao longo de seu curso com a largura de cerca de sessenta milhas. Desse encontro das duas correntes, resulta que a do Labrador divide-se em duas: uma continua para o sul, esprimida entre a *Gulf Stream*, que sobe, e a costa norte-americana; a outra é envolvida pela própria Corrente do Golfo, seguindo com esta na direção leste.

Essa junção de correntes, combinada com a nova direção para o leste e a força dos ventos predominantes da região, determina a nova designação do trecho norte do grande anel: Corrente do Atlântico Norte. E com tal volume líquido escorrendo velozmente por um rio tão estreito, suas águas ainda chegam quentes à costa da África. Daí o clima constantemente ameno dos Açores e das Canárias. Mesmo no inverno.

A Corrente do Atlântico Norte, por sua vez, vai ter o mesmo destino da Norte-equatorial, mas no sentido inverso, isto é, de oeste para leste: vai chocar-se do mesmo modo contra um continente, a Europa. Por isso, quando lá chegar, após atravessar o Atlântico, seguirá necessariamente um outro curso.

Correndo para leste, impulsionada pelos ventos dominantes naquela região, ao encontrar a massa continental europeia, a Corrente do Atlântico Norte irá, também, dividir-se: uma parte correrá para o norte, em direção à Escócia, e a outra se desviará para o sudeste e depois para o sul, formando a Corrente dos Açores, mais para fora a Corrente Portuguesa e, finalmente, a Corrente das Canárias.

Daí em diante, começa tudo outra vez: a Corrente das Canárias seguirá para o sudoeste, alimentando novamente a Corrente Norte -equatorial, que correrá para o oeste. E com isso, completa-se o ciclo que faz com que se navegue da Europa à América, e vice-versa, sempre com ventos e correntes favoráveis. O problema é a escolha da época do ano para tal empreitada.

....

O vento vai ficando mais forte, o Templo bravio está mais encrespado e o barco dá sinais de que pretende chegar logo. O Tatu gritou lá de fora que estamos fazendo dez-onze nós. Credo! Hoje nem vamos levantar o balão assimétrico. Nem devemos. Como se diz no meio vélico, *vai que é um dodge. Vai como um tanque...*

Já passa das 15 horas. O almoço está servido. O vento continua muito bom. Andamos 94 milhas entre as 21h de ontem e as 10h da manhã de hoje. A média é muito boa, boníssima. E vai melhorar. Damos mais um jaibe, viramos de bordo e agora nosso rumo é 275, bem oeste. Estamos com o Caribe na proa. Não vamos mais para o Brasil...

Sábado, 25 de novembro

Coordenadas das 22 h GMT de sexta-feira: 22.35 N e 023.01 W.

O fim de semana começou com muito vento. Não tinha mesmo como ficar deitado; o barco parece uma batedeira. Assim, como eu não conseguia dormir, fui visitar o Tatu e acompanhá-lo em sua vigília, eis que o turno dele é das 22h à meia-noite. É o período no qual é feita a ronda do SSB. Ele acabara de falar com o Geraldo Moeller, que está morando no barco em companhia da Rea. Eles estão agora em Maceió, descendo a costa brasileira. Amanhã à noite, pretendo falar com eles também. A dupla largou tudo, embarcou no veleiro Fuga, e saiu por aí. Gosto muito deles.

Depois que levantei da cama, fui ao banheiro e ali senti uma estreita e forte corrente de vento que vinha debaixo da pia. Comentei com o Tatu e ele também não soube explicar aquilo. Será que o barco está vazando? Por onde entra vento, entra água...

A propósito de banheiro, ao contrário de muitos velejadores, eu não urino à noite na borda do barco. E, se não houver alguém no convés, nem de dia. Aliás, à noite, se estiver sozinho e o Mar estiver como está agora, nem saio do *cockpit*. Ou pelo menos não saía, até esta travessia. No verão de 91, quando fiquei no *Molecão* velejando em Santa Catarina, passei algumas dificuldades exatamente por isso. À noite, como velejava em solitário, se o Mar era revolto, não saía do *cockpit* em hipótese alguma. Medida de segurança. Às vezes, não aguentava e urinava no balde. Infelizmente, não são muitos os comandantes que exigem o mesmo procedimento em seus barcos. Nos que eu comando, não tem conversa: à noite, se não houver outro tripulante junto no convés, ninguém sai do *cockpit* sozinho; nem com cinto de segurança.

Há regras bem rígidas na vela. Quando desobedecidas, resultam em dissabores não raro bem amargos. A maioria dos navegantes valentes mora no fundo do Mar e a vela não tem lugar para os fracos, que precisam mostrar o que não são: fortes. Talvez precisem mesmo; mas para eles próprios. Fiquem em casa. Ou vão passear de *jet-ski*...

Lembro-me, consternado, do grande Eric Tabarli, um dos mais conhecidos velejadores de todo o mundo. Correndo uma regata de barcos de oceano, caiu n'água enquanto fazia xixi na borda. Logo o Tabarli, com sua enorme sabedoria marinheira.

Nas raras vezes em que desobedeci alguma regrinha boba, dei-me mal. A grande mareada de um ano atrás, que antes referi, não se deveu, evidentemente, só ao fato de termos saído de Florianópolis numa sexta-feira. Nada disso. Na véspera, aniversário da Magra, bebi quase uma garrafa de Cabernet Sauvignon, esqueci literalmente de jantar e dormi menos de três horas. Saí da festa pela 02h 30min da madrugada e às 06h 30min já estava tomando o voo para Floripa.

Lá chegado, mal entrei no barco e, às oito em ponto, zarpamos. Ao meio-dia, o Zeca serviu uma suculenta lasanha da qual eu senti duas vezes o maravilhoso gosto: quando eu a comi e, pouco depois, ao devolvê-la ao Mar. Claro, eu era portador dos requisitos primeiros para alguém enjoar no Mar: dormira quase nada, bebera álcool, não me alimentara. Só faltou o quarto ingrediente para a festa ficar completa: sentir muito frio ou, então, muito calor.

Em resumo: antes de ir para o Mar, não se bebe, dorme-se bem, come-se o suficiente. Não se deve sentir frio em excesso, nem calor em demasia. Além disso, é uma falta de respeito para com o Templo bravio embarcar nessas condições. E ele cobra caro o desrespeito.

Por mais que surpreenda a muitos que conviviam em terra com o querido Jorge Welp, ele jamais bebia no Mar. Da mesma forma, estivesse o calor que estivesse, jamais ia ao convés descalço, hábito que não consigo adotar; estou sempre de pés descalços, inclusive em terra. Tinha um defeito, porém: ele fazia xixi na borda do barco à noite. Até que um dia lhe pedi para não mais fazer assim; e o Joca aceitou. Ficou perfeito: cumpria como poucos as leis do Mar. Não precisava mostrar nada para ninguém. O *Camarão* era um cabra de fé, era um lobo do Mar.

....

São cinco horas da madrugada. Vim visitar o Tatu outra vez. Meu turno começa às 6 horas, mas não há jeito de dormir. A coisa está mesmo russa. Quando estava no meu quarto da meia-noite, lá pela uma hora, o vento amainou, melhorando muito a condição do barco. Durou pouco. Pelas três, o Graeff chamou o Tatu porque a coisa enfeiara: andávamos a mais de doze nós e isso, à noite especialmente, não é bom. Se o piloto pifa, nenhum de nós sabe se o barco vai orçar, ou seja, rumar para barlavento, ou se vai arribar, atravessando na onda pela outra borda.

Mesmo que nenhum de nós seja formado em catamarãs, se o barco orça, não há quase problema porque ele atravessa na onda, mas conserva o grande a sotavento. É só pegar o timão, arribar outra vez, e segue o baile... Mas se o barco enlouquece e resolve atravessar por sotavento, o grande dará o jaibe, trocará de lado e terá que ser solto imediatamente. Do contrário, o barco pode virar. E catamarã não desvira; quando muito, afunda... E o Mar não está para peixe. E é por essa lambança toda que não se bebe no Mar. Tem-se que estar sempre lúcido e inteiraço.

Ocorre que a retranca está fixada com um burro de borda para o grande não bater nas folgas de rajadas e para não ocorrer um jaibe acidental. Sugiro ao Tatu que passemos o cabo do burro numa patesca, fixando o chicote na catraca da contra-escota da genoa. Estamos em asa-de-pombo e, portanto, a genoa está amurada a barlavento. A catraca de sota está "de folga".

O Tatu me diz que o fusível do cabo do burro – cabo curto de emenda, bem mais fraco –, numa situação dessas, tem que rebentar. É verdade. Mas...e se não rebentar?

Logo que clarear o dia, vou executar aquela operação com o cabo do burro. Agora, com um Mar desses, nem pensar...

....

Mas não se consegue mesmo dormir neste barco. O que é isso, senhor Mar? Para que toda essa violência contra a gente?

E eu que pensei faceiro
que o Haaviti é maneiro
um barco bem comportado
mas ele só faz corcovear
da cama me quer derrubar
neste Mar encapelado.
O Haaviti vai pulando
e eu me vou derramando
da cama quase pro chão.
Sem querer fazer intriga
mas voltando à moda antiga
tô querendo o Molecão.
O Haaviti é moderno
mas aqui no Mar eterno
é preciso atenção
com piloto é perigoso
num oceano pedregoso
é melhor pegar o timão.

E é o que fazemos: vamos levando o barco na mão, que é mais seguro. São oito da matina. Já desliguei a luz de navegação. Vou, mais uma vez, tentar dormir. Se esse Mar furioso deixar. Tá danado...

Domingo, 26 de novembro

Coordenadas das 22h GMT de sábado: 020.42 N e 025.46 W.

Tem sido uma navegada muito dura. Não abria o *laptop* desde ontem. Não há como escrever com esse liquidificador batendo desse jeito. Fiquei muito enjoado na frente da telinha. Mas não vomitei nenhuma vez, ainda. Deve ter ocorrido algum ciclone ou algo parecido pelas latitudes do norte. O *swell* é muito forte. As ondas crescem enormes. Como diz o Graeff, parecem as imensas coxilhas das bandas de Bagé, sua terra natal. Os paredões d'água por elas produzidos são impressionantes. E eles vêm aqui para cima de nós. Mesmo assim, negocio com o enjoo e escrevo aqui e ali. Quando dá.

....

É inacreditável a precisão da mecânica universal. É fantástica. Ontem, na posição 20.57 N e 025.17 W, o crepúsculo vespertino foi, ali, precisamente, às 18h 57min. Aproveitei a oportunidade e conferi a previsão. Se estivéssemos naquele lugar, quando do nascer do sol, este teria surgido no horizonte, precisamente, às 07h 57min. Aqui, onde estamos agora, à 1h da madrugada, nas coordenadas 20.29 N e 026.07 W, a alvorada seria às 08h e o pôr-do-sol às 19h 02min.

Esse lento e inexorável retardamento no iniciar e no findar do dia deve-se ao fato de que seguimos no rumo do sol, ou seja, de leste para oeste, da Europa e África para a América. Assim, como o sol nasce no leste, daí a denominação de levante, e morre no oeste, ou poente, descrevendo, no céu, a grande curva virtual ao redor da terra, assim nós estamos também descrevendo, no Mar, uma grande curva. Com isso, retarda-se em alguns minutos nosso próprio dia. Desse modo, demoramos mais do que os outros para ficarmos mais velhos! Alguns minutos, ao menos. E todos os dias...

Nossa curva, no Mar, como a da lua, no céu, não é virtual, mas real. A do sol, sim, é virtual: na verdade, ele não se põe e nem nasce, pela simples razão de que é a terra que gira ao redor dele, enquanto que a lua gira ao redor da terra. Sem embargo, quantos e quantos pensadores, como o italiano Giordano Bruno, por exemplo, foram queimados vivos na fogueira da Inquisição por não se adequarem aos dogmas da Igreja. Galileu Galilei foi condenado à prisão perpétua por defender o heliocentrismo de Nicolau Copérnico. É bem verdade que foi absolvido pelo Papa, há menos de quinze anos atrás...

Ah, os dogmas religiosos. Talvez esses sábios fossem apenas portadores da famigerada cultura inútil...

Ao singrarmos o Mar, acompanhamos a curvatura da superfície do planeta. Em função dessa curvatura, os aviões que passam, diariamente, no fim de tarde, a grande altura, pelos céus de Porto Alegre, em voo direto entre Buenos Aires e Rio de Janeiro, por exemplo, parecem sair verticalmente do chão, para os lados de Guaíba ou Barra do Ribeiro. Assim, parecendo subir na vertical, mais adiante tomam um rumo horizontal, passam sobre nossas cabeças e, depois, parecem mergulhar outra vez, no horizonte oposto, para os lados de Gravataí ou Canoas. O fenômeno é observável diariamente, no fim de tarde, ao alcance de qualquer um.

Nada mais ilusório, porém. Na verdade, o avião simplesmente acompanha a curvatura do globo terrestre. Desde que o avistamos, até que desaparece no horizonte, ele esteve sempre na mesma altura em relação ao solo. Como a terra é redonda e o avião voa em paralelo ao solo, ele descreve uma curva que coincide, pois, com a da terra.

Não por outra razão, vê-se um barco ir diminuindo no horizonte do Mar, quando dele nos afastamos, porque, efetivamente, primeiro desaparece seu casco, depois o horizonte vai comendo sua velas, para mais tarde ser totalmente engolido pela curvatura do globo. É por isso que, de muito longe, no Mar, vemos primeiramente os picos mais altos das terras de que nos aproximamos; também vemos antes os faróis mais elevados, existentes na costa, e depois os mais baixos, mais próximos do nível do Mar.

Pois de todo esse fenômeno de retardamento do iniciar e findar o dia, na medida em que nos deslocamos para oeste, resulta o progressivo adiamento do levante e do poente que, com tanta precisão, a moderna navegação eletrônica nos informa. Mas ela, na realidade, nada faz de novo.

Para medir, com relação ao horizonte, a altura em que um astro estava no céu; ou para verificar o preciso momento em que o sol se punha ou se levantava no horizonte; ou quando o sol passava pela linha do meridiano em que ele estivesse, Colombo, o grande Almirante, tinha a seu dispor o sextante. Enquanto, agora, navegamos pelos satélites que o homem pôs no céu, Colombo navegava pelos astros e pelas estrelas. Como os nativos polinésios o faziam, e ainda fazem. Como o fazem as baleias, desde o início dos tempos, em suas longínquas viagens, sem escala, através dos mares...

....

Ontem à noite, fui visitar nossa farmácia. É incrível o que se leva de equipamento hospitalar em um barco para uma travessia transoceânica. Só não há remédio para dor de cotovelo. Não é qualquer hospital que dispõe de tanta coisa. Pudera: estando, agora, distantes 746 milhas do ponto de terra mais próximo, imagine-se o que aconteceria se um de nós se ferisse gravemente, ou se sobreviesse um súbido ataque de apendicite, um acidente cardiovascular, um derrame cerebral, ou algo assim? E se alguém levasse uma retrancada na cabeça? Ficaríamos ali, vendo o vivente morrer? Ou chamaríamos o Pronto Socorro? Por isso, nessas travessias, há gazes, tesouras cirúrgicas, bisturis, talas, gesso, anestésicos, instrumentos de toda ordem, manuais de instrução de socorros de urgência etc. E medicamentos.

Ah, os remédios... Sou contra os remédios. Sou sócio-atleta da Liga Internacional dos Adversários dos Remédios – *LIAR*. Ao pensar na sigla, dou-me conta de que ela significa, em inglês, "mentiroso". Acho que me quebrei com essa...

Outro que, raramente embora, me faz tomar algum remédio, é o João Gomes, traumatologista dos maiores. Pudera: como bom capricorniano, estou sempre quebrando algum osso... Mas João, como eu, também é da *LIAR*: levou seis anos me conversando e adiando a cirurgia no meu joelho esquerdo. Finalmente, cedendo a meus sentidos apelos, enfiou-me a agulha no joelho, deu uma aparada no menisco, me assegurando, com isso, mais uns cinquenta e poucos anos de corridas.

Por sinal, quando da visita ao Museu Canário, comprei, e muito a propósito vou levar para o João, um livro que fala da traumatologia entre os guanches[**]. Como dedicatória, assim escrevi ao guru ortopédico:

Ao grande doutor dos ossos
Que toca a agulha na gente
E nenhuma pena sente
Muito menos tem remorso
Aqui o agradecimento
Porque a todo momento
Remenda tantos destroços.

O mais sábio dentre os sócios dessa Liga, entretanto, é o Alaor Teixeira. Diz ele, naquele seu jeitinho delicadíssimo de falar, que mais parece berreiro de comício: *parem de frescura. Em barco a vela, tem que ter mercúrio cromo, Buferin e Dramin. E só. Vocês, velejadores, se fossem usar outras coisas, certamente iriam matar o paciente...* Pudera: o Alaor é lancheiro...

Mas a coisa ficou mesmo preta e não teve volta: precisei visitar o hospitalzinho aqui de casa. Dois ou três dias atrás, ao passar pelo balcão da pia da cozinha que, aliás, frequento com incorrigível assiduidade porque, neste barco, a minha única função parece ser mesmo lavar louça, bati contra o móvel. Fico a pensar que, se fosse realmente "móvel", ter-se-ia movido para eu passar. No encontro do fêmur

---

[**] GARCIA, Carlos. *Las enfermedades de los Aborigines Canarios*. Las Palmas: Centro de la Cultura Popular Canaria, 1993.

com a bacia (a minha, não a da pia), tenho um probleminha de alguns anos, velhice precoce, talvez. Pois bem: a dor não me largou mais, a despeito de todos os meus protestos.

Entreguei-me: fui à farmácia e procurei o mesmo remédio que tomara um ano antes, em Camamu, quando, a bordo do *Maravida*, rompera-se um dos tendões do meu ombro direito. Os entendidos chamam-no *supra-espinhoso do manguito rotador*. Sem lembrar, sequer, o nome do remédio e com toda má vontade possível, encontrei -o: Voltaren. E ainda por cima, injetável. Mas que hospital é esse?

O remédio foi eu mesmo me autoaplicar o danado do veneno, aqui no braço esquerdo, com barco balançando e tudo. O Tatu bem que resistiu à ideia, chegando a esbravejar e dizer que eu sou um sujeito muito teimoso. Quando ele disse isso, instantaneamente, nos olhamos e caímos na maior gargalhada. Quem falando em teimosia! O mesmo alemãozinho que passou horas desatando um nó da ponta da adriça do balão para ganhar um palmo desnecessário de cabo? Foi muito engraçado porque, até agora, estou pegando no pé dele. Quem falando! Logo quem...

E como agora estou oficialmente "dodói", eles que lavem a louça. Estou em repouso. Oficialmente. E se me incomodarem, baixo o hospital. Agora mesmo.

....

Acordei com alguém passando por cima de mim no convés. É o Tatu, fazendo um barulhão danado com suas delicadas passadas de velejador. Na verdade, com o jogo do barco, caminhar no convés mais parece um sapateado, de tanta pancadaria: precisa-se manter o equilíbrio a qualquer custo. Levanto rápido para ajudar, até porque, conforme vejo no relógio, já está mesmo na hora do meu quarto. O dever me chama. Diabos, mas eu não estou "baixado"?

Dado o jaibe, passamos a ter o rumo 283. Não é uma grande mudança, para quem vinha, pelo outro bordo, no rumo 239. É quase nada. Até que as exigências do zigue-zague do catamarã empopado não são tão amplas quanto eu pensava. Já estou começando a gostar deste cara. O vento enfraqueceu, mudou ligeiramente de direção, e o melhor mesmo é subir um pouco mais, em busca de ventos melhores. Se é que estão por lá. Quando amanhecer, içaremos o balão assimétrico para ganharmos mais velocidade. Agora à noite, nem pensar.

Para St. Martin, estamos a 2.063 milhas, em linha reta. Não considerando a perna Gibraltar-Las Palmas como parte integrante do que se possa chamar propriamente de travessia transoceânica, já vencemos cerca de um quarto do percurso. Mas, se a incluirmos no cálculo, mesmo sem contar a parte do Mediterrâneo, já teremos percorrido, até agora, aproximadamente, 1.500 milhas de navegada atlântica.

....

Amanheceu às 08h 03min. Pontualmente atrasado, em relação ao amanhecer de ontem. Se agora ficássemos ancorados aqui (com 3.652 metros de profundidade), o sol se poria às 19h 06min. Como vamos em frente, ir-se-á mais tarde. Com isso, ganhamos mais uns segundos de vida. Vou acordar a galera para levantarmos o balão porque a velocidade está caindo; o vento está caindo, eles lá dormindo e eu aqui trabalhando... Onde é que estamos?

Balão em cima, a velocidade do barco sobe para sete nós. O Mar está mais civilizado; o dia promete algum sono.

....

Esta madrugada, quando saí do quarto, às duas horas, fui para a cama pensando nos tais remédios e sua evolução na vida atual. Há remédio para tudo; desde a impotência sexual até a gravidez não desejada. Há remédio até mesmo para algo que sempre flagelou o ser humano: a feiura. Pílulas anticoncepcionais, pílulas para engravidar, pílulas para abrir o apetite, pílulas para tirar o apetite, para engordar, para emagrecer, para evitar o infarto. Há remédios para tratar a AIDS e até com relação ao câncer, a Medicina está fazendo milagres. E como também já inventaram remédio contra a hipocondria, eu acho que deveriam arrumar um remédio para curar os carecas. Como diria o Adão Vargas, quem me dera...

O que realmente me encafifa as ideias é que grande parte dessa *evolução* se deve a um dos piores sinais denunciadores da *involução* humana: a guerra. Ela mesma. Aliás, muito do progresso da ciência, da técnica e da economia deve-se à guerra. Pobre ser humano...E isso também no Brasil: à sangrenta e nojenta Guerra do Paraguai (haverá alguma que não seja?), deve-se, aqui, o rápido desenvolvimento do telégrafo e da via férrea.

O primeiro computador eletrônico da história foi construído no serviço de correio da Inglaterra com o propósito de decifrar os códigos secretos alemães usados na II Grande Guerra. Para manter sua fantástica máquina de guerra, os Estados Unidos, volta e meia, inventam uma guerrinha qualquer. Precisam exercitar os músculos da indústria bélica e de seus soldados... E, principalmente, de sua economia, eis que as fábricas de armamentos não podem ficar ociosas. Dessas fábricas saem muitos inventos que acabam por melhorar o nível de vida de muitos, o que leva alguns a sustentar que a guerra traz...progresso!

E ainda se fala em Moral! E até isso é explicado.

Com o advento do serviço militar obrigatório, iniciou-se uma profunda mudança no tratamento dispensado aos soldados em todo o mundo. Antes, os exércitos eram compostos de voluntários, muitos deles mercenários, de nacionalidade estrangeira. Bem por isso, não havia grandes peocupações com a saúde nos quartéis. Mas as guerras, além de muito caras – todos os militares tinham de ser bem pagos, mesmo em tempo de paz –, tornavam-se um risco terrível, pois nada assegurava que haveria suficientes "peças de reposição" para cada soldado morto. Isso explica, ao menos em grande parte, a frequência com que se celebravam acordos pondo fim às hostilidades, já no seu início. As guerras eram caras. E, também, mais perigosas pelo risco de afetarem o contigente de soldados disponíveis.

A Rússia, por exemplo, sempre teve um dos maiores exércitos do mundo. Hoje, a despeito da brutal crise econômica que vive, ainda sustenta uma legião de três milhões de soldados. Nos seus primórdios, isso não era, obviamente, obtido com voluntariado. Em seu reinado, Pedro, o Grande, determinou que, de cada grupo de vinte famílias, um jovem deveria ser anualmente recrutado para o exército. E mesmo assim, ao menos em Leningrado – antes, e agora outra vez, São Petersburgo –, não vi quem tivesse mais estátuas nos parques e ruas do que Pedro; nem Lênin, nem o Czar Nicolau.

A Revolução Francesa foi ainda mais longe: determinou que todos os franceses, homens e mulheres de qualquer idade, estivessem permanentemente convocados para o serviço militar. Os jovens solteiros lutariam nos campos de batalha; os casados trabalhariam nas fábricas de armamento; as mulheres costurariam os uniformes dos soldados ou trabalhariam em hospitais; as crianças organizariam as roupas de cama dos soldados, bem como suas roupas brancas. Os velhos iriam para as praças públicas vender o peixe de que a guerra era justa, era necessária, era uma beleza. Era o começo da propaganda de guerra.

Seria isso uma volta à barbárie? Ou, quem sabe, um movimento mais democrático, já que todos os franceses estariam submetidos ao serviço da pátria? Questão ideológica...

Com o serviço militar obrigatório, baratearam-se os custos dos exércitos. De outro lado, como os filhos de todas as famílias estavam sujeitos ao serviço militar, todos tinham o maior interesse em que os soldados em geral recebessem o melhor tratamento possível. E isso incluía, por óbvio, os cuidados com a saúde: melhores hospitais, melhores médicos, melhores enfermeiros, melhores remédios, muito embora o profundo desinteresse de Napoleão pela saúde de seus soldados. Para ele, graças à convocação obrigatória para o exército, os milhões de perdas poderiam ser facilmente repostos por outros convocados.

A partir dessa fase da história da guerra surgem os primeiros corpos de saúde. Os médicos são oficiais; os enfermeiros, sargentos. De um modo geral, vai-se qualificando a assistência médica nos exércitos; a pesquisa farmacêutica ganha o maior impulso; morre-se menos de ferimentos recebidos nos campos de batalha.

Desse modo, até mesmo a farmacologia deve muito à guerra. Definitivamente, o homem é um ser complexo...

....

Chegou o domingo: sol de domingo; comida de domingo; papo de domingo; ventos de domingo; navegada de domingo. Domingão do *Molecão*. Para que mais? Saudosos, porém felizes, aqui vamos nós. Hoje, vagarosamente.

O dia não poderia estar melhor para se navegar. Sem pressa. Hoje é um daqueles domingos pelos quais os velejadores esperam a semana inteira para navegar, ancorar por aí, comer a massinha domingueira de sempre, tirar uma torinha, voltar para casa. Tudo bem devagar, quase parando. Na maciota, como dizia minha santa mãe.

Pronto, acabou a barbada: até os lancheiros, com seus possantes e barulhentos motores, procuram fazer a mesma coisa. Sair por aí. Só que eles têm muita pressa. O programa deles acaba logo. Segundo dados estatísticos do Departamento de Assuntos Não Sei Bem Quais do Governo norte-americano – e de quem mais seria? –, os passeios dominicais dos lancheiros duram, em média bem poderada, 39 minutos e 27 segundos.

No que me toca, prefiro sempre sair e não voltar no mesmo dia. A Magra e eu adoramos dormir no barco, bem longe da cidade. Às vezes, até vamos dormir no *Molecão*, nosso segundo lar, durante a semana. É um hábito que se entranhou em nós a tal ponto que não me lembro de ter, nos últimos anos, saído de barco e voltado no mesmo dia. Parece jantar sem sobremesa. Ou sem vinho, o que ainda é pior.

Baloneando na boa, estamos a seis nós de velocidade, mantendo o rumo em 257 graus, com um vento em torno de 10/12 nós. E o melhor de tudo: aqui jamais tem lancheiro. Há pouco, comemos uma saborosa carbonara feita pelo Tatu, embora ele deteste cozinhar. Mas, se não aceitasse, nós o expulsaríamos do barco. Aceitou. Estava dos deuses. Se pudesse, comeria massa todos os dias. Só faltou o indispensável Cabernet. Afinal, hoje é domingo e vamos ficar até quando sem ele?

....

Essa coisa de que os *trade-winds* são estáveis, jamais variam e estão sempre dentro de determinados limites de velocidade e direção não é bem assim. Por aqui, há uma fortíssima tendência dos ventos soprarem de leste, na velocidade entre 15 e 25 nós. Mas isso não é sempre. Hoje, desde a manhã, por exemplo, sopra um vento de sudeste. Nossa proa é bem próxima do oeste; estamos amurados a bombordo, com o vento entrando pela alheta a fim de encher o balão. E isso é assim mesmo: temos que negociar com o vento. Mesmo aos domingos, nosso balcão de negociações jamais fecha. Nesse rumo, estamos correndo sobre o paralelo 20 graus norte.

Este paralelo significa, para nós, estarmos navegando em uma latitude bem adequada à corrente e ao vento predominante. Entretanto, afasta-nos do equador. Quer dizer: quem estivesse andando no paralelo 18 norte, com a proa em St. Martin, seguindo portanto nosso mesmo rumo, estaria em uma rota paralela à nossa situada cerca de 120 milhas mais para o sul. Nesse caso, estaria indo mais direto do que nós para o porto de chegada. Faltando ainda cerca de 2.000 milhas, isso não é nada. A diferença pode ser tirada, mais hoje, mais amanhã. Sem pressa. Conforme os humores do vento, pode ocorrer que tenhamos de nos afastar ainda mais da rota ideal. É a tal "negociação" de que venho falando. Vou terminar a travessia e montar uma loja de qualquer coisa: agora virei homem de negócios...

Dizem os manuais que esta é uma boa época de se ir para o Caribe, porque se aproveita mais tempo do inverno de lá. Além disso, já se está fora, ou quase fora, da temporada dos furacões e os ventos, se ainda não são os melhores, são bem razoáveis. É bem verdade que, às vezes, há as intoleráveis calmarias. Mas inexiste inconveniente qualquer – muito pelo contrário – de se fazer a travessia em janeiro ou fevereiro quando, aí sim, os ventos são cada vez mais fortes e sensivelmente mais constantes. E dizer que Colombo saiu das Canárias em 31 de agosto, em plena temporada de furacões!

Nesse caso, quem sai da Europa em janeiro ou fevereiro para o Caribe terá uma temporada curta: em maio ou, no mais tardar, junho, já se encontrará deixando a região porque estará por iniciar-se nova temporada de furacões. Quem, nessa época, já não estiver na Corrente Norte-atlântica pode se dar muito mal.

De qualquer forma, estamos na zona dos ventos predominantes, e também de formação dos furacões, situada, aproximadamente, no paralelelo 20 norte e meridiano 030 oeste. A zona de navegação mais favorável encontra-se entre os paralelos 10 e 25 norte. Além disso, temos sido acompanhados por nuvens brancas, pequenas e algodoadas, características dos alísios. Indicam tempo bom.

A regra geral é deixar as Canárias tomando o rumo sul-sudoeste, seguindo até cerca de duzentas milhas do Arquipélago de Cabo Verde. Dali, após passar o través deste em mais outras duzentas milhas, toma-se o rumo oeste. Já se estará navegando a cerca de outras tantas duzentas milhas ao sul do limite norte dos *trades*. É o que estamos fazendo. Contra calmaria, porém, ainda não inventaram remédio. E elas também são previstas nos manuais.

Nesse longo caminho, constantes são os "algodoais" que os guias de navegação, muito apropriadamente, denominam *puffs of steam from a old-fashioned railway engine* (os chumaços de fumaça e vapor que saíam das velhas locomotivas ferroviárias). A comparação não pode ser mais precisa...

Segunda-feira, 27 de novembro.

Coordenadas das 22 h GMT de domingo: 19.59 N e 028.13 W.

Boca santa, para que fui falar? Estamos numa calmaria danada desde às cinco horas da tarde de ontem, domingo. Era mesmo muita barbada aquele passeio dominical. Ventinho maneiro de sudeste nesta região? Era muita sopa. E pensar que não roncava motor nesta nave desde a tarde de quinta-feira. De qualquer forma, ainda bem que essa mudança não significou furacões. Benditas sejam as calmarias...

Sempre me pareceu que contra elas não há remédio. Estava enganado. Há remédio também contra as danadas: motor! Ou melhor, motores, porque nós temos dois, embora não possamos atravessar o Atlântico só a motor. Por isso, seguimos com um, apenas, porque temos de economizar combustível. Não sabemos o que virá por aí e queremos voltar para casa antes do fim do ano. Eu não tenho nada a ver com o fato de seu Colombo não ter tido um bom motor. Nós temos.

Com velocidade de apenas cinco nós, estamos numa calmaria geral. As informações ontem à noite obtidas na roda do SSB indicam que, desde as Canárias até próximo do Caribe, tudo está parado. Pela manhã, certamente, o Mar Oceano dormirá profundamente, exibindo aquele espelho imenso onde se refletem o céu e as nuvens. É meio exasperante. A pulsação do alto-Mar faz com que, por vezes, uma certa náusea se instale no marinheiro. Não aquela do Sartre, mas náusea física mesmo. Aquele negócio de parecer que tem um sapo aqui dentro. Uma coisa esquisita e chata como esta minha que, às vezes, tenho sentido enquanto escrevo estas mal traçadas. Daí aqueles terríveis motins de que nos fala a história, com tripulações rebeladas jogando comandantes ao Mar. Motins famosos como o do *Bounty*, de triste memória.

A motor, não chegaríamos nem perto da metade do destino. Não há combustível suficiente para uma travessia dessas. Espero, dentro de no máximo dois dias, sentir cheiro de diesel. É o sinal de que o vento retornou pela popa, que podemos desligar a engenhoca e voltar a fazer o que vale a pena: velejar. Já são quase 02h 30min e eu vou dormir. E sonhar que o vento voltou. E que não era furacão...

....

Levantei antes das seis horas. Não dormi legal. Sei lá, não gosto de veleiro andando a motor. Parece uma traição. Eles não existem para isso. Eles não andam bem com essas geringonças roncando aí, nas costas da gente. Há coisas que não combinam entre si. Há pessoas que não combinam com outras pessoas; há cores que não combinam, o roxo com o amarelo, por exemplo; alimentos que não combinam, como a laranja e o leite; situações que não combinam, feito garçom de bigode. O ilustre passageiro já viu garçom de bigode? Eu também nunca vi. E bailarina gorda? Pois é: há coisas que não combinam. E algumas delas me tiram o sono. Como veleiro a motor, por exemplo...

No tempo do *Noctiluca*, era uma bronca só: eu nunca podia ligar o motor e voltar para o Clube, quando ficava encalmado. As baterias sempre estavam "na unha". Eu teimava em sair e voltar respeitando a natureza do barco: velejando.

Com o *Molecão*, não começou muito diferente. Quando eu estava em Santa Catarina, velejando em solitário, conseguia chegar na poita da sub-sede de Jurerê do Veleiros da Ilha sem motor. Só na vela. Trimava direitinho os panos e ia na proa do barco, com o croque na mão, pescar o cabo da poita do Paulo Gil que ele me emprestara. O Paulo Gil, baita amigão, também já se foi; como tem ido gente boa...

Um dia, o Haroldo, da Marli – eles agora moram embarcados, perambulando entre Parati e Angra –, viu aquilo e, certinho como ele é, fez um comício: me deu uma tremenda e pública bronca. Lá da praia. Eu não podia fazer aquilo; estava pondo em risco os demais barcos que estavam apoitados na baía; que isso é proibido, que é uma irresponsabilidade, tu não sabes o que estás fazendo...

Eu nem olhei para a cara do Haroldo. Deixa falar sozinho, pensei. Isso é coisa de alemão xarope; esse cara não sabe fazer nada e não quer que os outros façam; deve ser um incompetente, um invejoso. E continuei a proceder do mesmo modo: pescar o cabo da poita, sem ligar o motor; só no pano.

O Haroldo é mais maluco do que se pensa: um belo dia, ele foi me esperar no dingue e, quando cheguei, ele fez outro comício. Só que, desta vez, me aplaudia e vivava a grande "perícia" daquele intrépido velejador... Tornamo-nos grandes amigos e ele me ensinou a velejar de marcha-a-ré. E me ensinou também um monte de outros macetes da vela. Eu, realmente, não sabia com quem estava me metendo: o Haroldo é um dos maiores velejadores que conheço. E de navegação astronômica, quando ele nasceu, já veio sabendo tudo.

....

Orion está pela proa, ligeiramente por bombordo. Sirius está mais para o lado, um pouco caída. Ainda não vi a estrela Polar, aquela que não se mexe no céu e que só é vista aqui no hemisfério norte. Para falar a verdade, eu nunca a encontrei no céu. Vi-a, uma vez apenas, no Planetário de Montreal, numa fantástica exibição acerca da mecânica celeste em torno dela.

É incrível que o firmamento todo gire em torno da Polar, imóvel e sobranceira, como se o mundo todo dela dependesse. Uma noite dessas vou pedir ao Haroldo que me mostre no céu a tal estrela polar. Tem que ser aqui, no hemisfério norte. Ela só aparece aqui. E se ele não a localizar, o Plínio Fasolo me diz onde ela está. Os dois sabem demais.

Era pela Polar que os fantásticos navegadores vikings se guiavam em suas longas velejadas até a América, antes, muito antes de Colombo e outro qualquer dos navegantes conhecidos. Quando fui visitar o *Kontik*, em Estocolmo (ou será que foi em Oslo?), vi uma inscrição no museu noticiando as incursões dos vikings pelos mares do norte, perto de Bering, ao redor do ano 1.000. No museu, há restos perfeitamente conservados das milenares embarcações daqueles heróis que, para fugirem dos invasores de suas terras, punham-se ao Mar sem saber bem para onde iriam. Ou será que sabiam? O importante é que jamais se entregaram para quem quer que fosse. Jamais um viking foi feito escravo.

Os vikings foram o povo mais indomável, mais rebelde à tirania, mais amante da liberdade que o mundo conheceu. Eram independentes e extremamente hábeis nas coisas do Mar. Quero um dia retornar aos países nórdicos, os lugares onde mais se veleja no mundo, proporcionalmente à população. No ano em que lá estive, Oslo tinha 400.000 habitantes e 120.000 barcos a vela. Lá se vê e se sente porque o povo, educadíssimo e simples como poucos, tem aquela superior qualidade de vida combinada com a humilde forma de encará-la. A Escandinávia é fantástica. Os vikings eram fantásticos. Jamais foram dominados. Eram velejadores...

Como a Polar encontra-se num emaranhado de outras estrelas, a única forma de identificá-la é pegar um mapa do céu e localizá-la. Mas sempre que tenho o tal mapa, o céu está encoberto, ou me esqueço de procurá-la; e quando quero procurá-la, não tenho o mapa. É o caso presente. Chamem o Haroldo...

Pois até nisso os habitantes do hemisfério norte têm mais sorte do que nós: alguém botou para eles no céu uma estrelinha que não se move. Assim, é fácil navegar pelas estrelas...

....

Agora, são 07h 15 min. O barco parece uma poita. Coitado, está passando fome; está motoreando. Feito uma lancha.

Lentamente, pois veleiro a motor é lento, continuamos a marcha para o oeste. Literalmente, de arrasto. Uma tremenda e pesada rotina. Até o pensamento vai-se arrastando e vou pensando que nossa posição é 19.45 N e 029.06 W; que a velocidade é de pachorrentos cinco nós; que estamos a 1928 milhas de St.Martin; que o tempo é bom; que vai amanhecer às 08h 11min; que o nosso rumo-agulha é 276 graus; que o magnético é 263; que estamos a 903 milhas de Las Palmas, Gran Canaria; a 1591 milhas de Gibraltar, sempre em linha reta; que, pelo equador, a circunferência do planeta tem 40.000 quilômetros, que nos polos, ele é achatado; que essa medida, dividida pelos 360 graus da circunferência, resulta em 111 quilômetros; que esse é, então, o comprimento do grau; que, por sua vez, o grau é dividido em 60 minutos; que, para encontrar o comprimento do minuto, divide-se 111 por 60; que o resultado será bem próximo de 1.852 metros; que esse número corresponde a uma milha marítima; que o nó é uma medida de velocidade equivalente a uma milha por hora; que o sol é redondo.

Tudo se arrasta, quase não se avança. O index, lá no tope do mastro, aponta para o noroeste. Mas aquele é o vento aparente cujo rumo resulta do encontro da direção do vento com o deslocamento do barco. E como há uma leve brisa por aqui, presumo que o vento seja até mesmo de nordeste, o que não seria de todo mau. Como saber? Só aguardando o dia e ver, na água, para que direção vai o arrepio, as minúsculas ondulações que o vento fraco produz na superfície.

Veja-se que já estamos mais próximos do paralelo que leva a St. Martin, em torno de 18 N. Como, neste momento, encontramo-nos na latitude 19.45 N, estamos a somente 1,45 graus do paralelo 18. Isso dá, precisamente, 105 milhas de distância entre essas duas linhas paralelas imaginárias: 60 milhas equivalentes, como visto, a um grau, mais 45 milhas referentes a 0,45 graus – 45 minutos de grau.

....

Mas como é difícil entender a previsão de tempo. São 10h da manhã, há bem pouco o vento vinha despertando e, agora, acabamos de pôr o balão para cima. Estamos voando baixo. O *Haaviti* está mais retosado do que moça solteira em festa de igreja; como diz o Graeff, está mais faceiro do que ganso novo em taipa de açude. Tudo se normalizou. É incrível como o tempo muda. Que sujeito de humor mais variado esse. A previsão tomada no *weather-fax* era esse vento entrar depois de amanhã. Mas vamos que vamos.

Vale a pena agora registrar tudo de novo: estamos com vento nordeste de 20 nós, velocidade ao redor de dez nós, balão em cima, o rumo 275 graus, St. Martin está bem na proa, a 1.909 milhas. A vida é boa, a onça é mansa e é muita sobremesa para uma pobre marquesa. Isso é que é viver. No entanto, apenas um senão: por que esse vento esperto não sopra de leste? Por que sopra de nordeste? Por que nordeste, mais para cima do que deveria?

....

A festa foi muito boa. O astral da galera voltou com força. Já estávamos falando em almoço. Às onze e meia, pontualmente como veio, lá se foi o vento embora. Motor outra vez, agora o de bombordo porque eles também têm turno de trabalho. Aqui para nós: até não me importei muito. Esse ventaço de nordeste...Por que nordeste? Por que durou só uma hora e meia? Espero ardorosamente jamais ficar sabendo...

....

Como a gente aprende na vida. Como a gente aprende na vela. O poeta-cantor tem razão: *a vida é como o Mar, é um indo-e-vindo infinito*. Não vê que, antes das 13 horas, o vento voltou na boa e retomamos a mesma velejada de antes? Estamos a toda máquina, de balão em cima e tudo que tem direito. O tempo não poderia estar melhor: o mata-borrão do céu não poderia ser mais azul, a nossa velha locomotiva resfolegando, lá em cima, os *puffs* brancos de fumaça e, embaixo, um marzão de almirante. Perdão: Mar de almirante; o Mar não tem diminutivo, nem aumentativo. E se escreve com maiúscula sempre.

A calmaria era total até à meia-manhã. Como acreditar nas previsões? Por isso, lembro o cancioneiro e constato a verdade verdadeira: *tudo que se vê não é igual ao que a gente viu há um segundo*. É como a hora do pôr-do-sol: cada dia tem uma cara diferente e ocorre sempre mais tarde do que no dia anterior. Cada milha para a frente representa alguns segundos a mais na duração do nosso dia. *Como o Mar, a vida também vem em ondas, num indo-e-vindo infinito.*

Bem no meio deste imenso Oceano, faz uma semana que só vejo céu e Mar. Aqui, a gente se dá conta de que não se é nada. Mas se é livre. Liberdade, o maior bem a alcançar. Aqui ela existe, até porque não se sabe o que acontece no mundo de lá: não se tem jornal, TV, rádio, telefone, contas a pagar. Sequer amigo chato. Nem internet para abrir o e-mail.

O Mar tem essa coisa doida de sedução. Não era a famosa sereia, posta na saída do porto de Copenhagen, que enfeitiçava os navegantes. Não. A lenda está equivocada. Era o Mar. É o Mar. Para entender de amor é preciso amar. Quem está no Mar, ama. Ou porque já amava, ou porque, estando no Mar, verá que é impossível não amar. É por isso que o homem do Mar entende de amor. E é incrível como qualquer verso romântico dos poetas românticos pode ser dirigido ao Mar. Para ele, o amor converge.

....

Decididamente, os alemães uniram-se contra mim: faz quase cinquenta dias que estou embarcado e eles ainda não me haviam dito que há, no barco, grande quantidade de feijão! Ora bolas, isso é coisa que se faça? Não basta o fato de eu olhar todos os dias para essas garrafas de Cabernet sem poder abri-las? Não basta o fato de que não mandaram construir, aqui, uma pista para a minha corridinha diária? Será que eles não sabiam que eu como feijão lá em casa, no mínimo, três vezes por semana? E que, junto com o feijãozinho, eu como arroz, peixe e salada, quase todos os dias? Isso é coisa que essa alemoada faça comigo?

Em compensação, o cardápio foi demais, com cinco pratos para três famintos marinheiros: salada, arroz, purê de batata (o Graeff é alemão batata), feijão e peixe, embora os entendidos digam que peixe não combina com feijão. Ora, os entendidos... Em qualquer restaurante, não tenho o menor pejo de pedir peixe com Cabernet Sauvignon, que alguns chamam de vinho tinto (como se houvesse outra espécie de vinho). Dizem que não é de bom tom ...

....

São 20h e aqui vamos nós, com uma velejada dos deuses, a proa bem na lua que se está pondo lá na frente e o balão em cima até essa hora da noite. O vento é maneiro, de 15 a 20 nós, nossa velocidade é bem satisfatória, entre 8 e 9 nós e uma singradura de 145 milhas. Se não fosse aquela calmaria, teríamos andado muito mais. Mas está folgado; tá como se quer. Vale a pena velejar devagar...e urgentemente.

Terça-feira, 28 de novembro
Coordenadas das 22 h GMT de segunda-feira: 19.14 N e 030.39 W.

O horário do barco mudou. Ficamos, agora, uma hora atrasados em relação a Greenwich. Portanto, no meu horário particular de navegador desta valente embarcação, já é 01h-GMT da madruga. Esse atraso é para nos adaptarmos ao fuso horário. Para nós, já estava amanhecendo depois das 08h, e anoitecendo pelas 19h 30min. Agora, o horário fica mais ajustado à rotina a bordo – acordar, comer, entrar de quarto, chamar o outro, dormir, escrever. Pelo menos, este foi o argumento que o grupo de bordo usou ao me consultar a respeito. Desconfio que eles sabiam que eu iria concordar...

O fato é que não se pode mesmo ter uma anotação de 24 horas – como a singradura, por exemplo –, com variações de fusos horários. Seria caótico calcular diferenças, fazer descontos e outros quetais. Imagine-se que alguém, via SSB, informe uma posição, em um determinado ponto no meio deste Oceano, com horário correspondente ao fuso em que se encontrar. O grave inconveniente de estar recalculando a hora em que um fato ocorreu retira qualquer possibilidade do uso de outro horário que não o de Greenwich, quando se navega.

Pois *vai que é um tanque*. Balão em cima, o ventão é o mesmo – de nordeste, 20 nós –, proa nos 278, o barômetro baixou pouca coisa, está em 1.032, vai aumentar o vento, faltam 1.812 milhas para St. Martin, o sol vai nascer às 08h 19min, caso ficássemos aqui, plantados, esperando por ele. É uma navegada simplesmente fantástica. Como é que esses alemães podem estar dormindo ante tamanha maravilha?

Cada dia que passa, Orion distancia-se, fica para trás de nós. Em cima, Sirius está mais bela do que nunca. A partir dela, busco Canopus e, apesar do Cruzeiro do Sul não ser visível, imagino onde ele estará. E bem ali, no encontro da linha Sirius-Canopus com o prolongamento da perna maior do Cruzeirão, localizo o sul. Parto dali, para minha direita, em um ângulo reto, e tenho o oeste. É assim que tenho navegado à noite.

....

São 06h 30min no horário da turminha germânica. Para mim – sábio e incomparável navegador desta nave impoluta e sem jaça –, continua o nobre e britânico horário do Big Ben, ou melhor, do meridiano de Greenwich, que é aquele bairro londrino, localizado na zona sudeste da cidade onde fica o observatório do mesmo nome; não é mesmo chique? São, oficialmente, 07h 30min-GMT.

Orion já se mandou para o boreste da nossa proa. Sirius deve ter caído no chão, porque não a vejo mais. Talvez se esconda para não ser ofuscada pelo sol, que vai nascer às 08h 22min. Não demora nada e já será dia, outro lindo e majestoso dia que, como diz o Tom, *é promessa de vida no meu coração*. Isso, apesar de não estarmos nas águas de março e sim nas de novembro. Mas vá lá. O poeta haveria de entender.

Há coisa de umas duas horas atrás, noite fechada – no quarto do Tatu, para variar –, deu-se uma rajada mais de lado e o balão se enrolou todo no estai. Arriba o barco, baixa o balão, cassa cabo, folga cabo, tudo ajeitado, genoa no lugar outra vez, senta que o leão é manso: retomamos o curso oeste. Mas ainda não foi desta vez que vi um balão passar a noite toda içado. Isso em translado, note-se bem: não estou aí para ouvir bronca de regateiro.

Já disse, é generalizada a regra de que, velejando à noite, reduz-se pano e jamais veleja-se de balão. Conosco é diferente. Temos a bordo três do contra: dois capricornianos – o Panela-Veia e eu – e o Tatu, que é uma porta de teimoso. Sem contar que o Panela preenche ambos os requisitos. Somos intrépidos e diferentes dos mortais. Dava para manter o balão lá em cima. E pronto. Qualquer coisa, o Tatu resolveria a ingrisilha. Por incrível que pareça, ele vê melhor de noite do que de dia.

É impressionante ver o Tatu trabalhando no convés à noite. Ele não quer saber de lanterna nem de nada. Faz tudo no escuro. E com aquela precisão, talvez sua principal característica. Logo mais, vou perguntar a ele se vem daí seu apelido, o daquele bicho da toca que vive escondido. E no escuro.

....

Pois aqui vamos nós, numa corrida maluca, com dez a doze nós de velocidade, fugindo desses paredões d'água que insistem em nos perseguir aqui por trás e com esse ventão que Deus mandou. E tudo isso *ao som do Mar azul e do céu profundo*. Nosso rumo é *o iluminado sol do Novo Mundo*.

Não; não é não. Na verdade, o sol já está quase nascendo e vem vindo atrás de nós. Depois, ele vai passar o dia por aí nos iluminando, e no fim do dia vai-se pelas bandas da proa. Como a lua fez essa noite. E só depois que o sol for embora, Sirius vai aparecer. Ela não aguenta o brilho do sol superando o dela. E nem sabe que o sol também não suporta a competição: por causa disso, ele não aparece à noite.

....

Esta noite, tivemos a companhia do que presumo ser um veleiro. Primeiro, vimos, por bombordo, a luz branca de alcançado. Ela aparecia mais na nossa proa e estava perdendo altura em relação a nós. Estávamos ultrapassando o tal veleiro. Mais tarde, pela madrugada, acho que ele andou se atrapalhando com alguma manobra. Seria o balão? Vislumbramos, por breve tempo, a luz vermelha – de bombordo, portanto –, indicando movimento que o colocava contra seu próprio rumo, retrocedendo.

Depois, a luz branca outra vez indicava estar de popa para nós e, igualmente, fora do rumo. Quando já estávamos quase a não vê-lo mais, surgiu a luz verde. Era a que deveria voltar-se em nossa direção porque o havíamos ultrapassado e ele demandava o nosso mesmo rumo. Estava por bombordo. Agora, com o amanhecer, não o vemos mais. Creio ser um barco da ARC, pensando, talvez, que nós estamos no *rally*.

No Mar, à noite, é muito mais fácil ver-se a luz de uma embarcação, do que a própria embarcação durante o dia. O velejador, à noite, enxerga melhor em função do contraste de qualquer luz com a escuridão. Por isso – ao menos no meu caso –, prefiro navegar na lua nova do que na cheia. A noite é muito mais escura. Não há lua. E quanto mais escuro, melhor se vê. Pelo menos, as luzes das raras embarcações que por aqui passam.

É claro que isso, para um romântico, é um contra-senso. Mas uma coisa é velejar com a bela lua cheia no Guaíba, ou na Lagoa dos Patos, por exemplo. Outra situação bem diferente é estar em alto-Mar. Na Lagoa, quase se pode correr o risco de uma colisão, porque o socorro, mais cedo ou mais tarde, virá. E aqui, quando estamos, neste preciso momento, a 1.069 milhas de Las Palmas e a 1.762 milhas do Caribe, no meio deste imenso Atlântico Norte, quem viria para nos socorrer? E quando chegaria? Como ficariam sabendo que estamos por aí? E sobretudo, quem viria até aqui?

Então, de quando em quando, o guarda de plantão dá uma olhada ao redor e verifica se não há luzes por aí. No entanto, quanto aos contêineres, ainda não há solução.

Há uma estimativa de que, no Mar, ao redor do mundo, navegam cerca de 20.000 contêineres (vinte mil mesmo). Caem dos milhares e milhares de navios que andam por aí. E, para que se tenha uma pálida ideia do movimento de navios ao redor do mundo, pense-se que, em um único porto apenas, ainda que um dos maiores deles – Singapura –, operam quinhentos navios por dia. É monstruoso o movimento daquele porto, totalmente automatizado. Não vou nem tentar descrevê-lo, logo eu, para quem o mundo todo não poderia conter tanto navio andando ao mesmo tempo...

Pois bem. Estes contêineres caem dos navios em virtude de temporais. Além disso, muitos deles são jogados fora, já vazios, após se haver alguém apoderado da carga, para posteriormente ainda ser recebido o seguro da carga "perdida"... E esses monstros levam dias, às vezes semanas, para afundar. Até que tal ocorra, ficam semi-submersos, a poucos centímetros abaixo da superfície da água. E se uma casquinha de noz, igual a esta aqui, bate em um negócio desses? Quando chegasse algum socorro, quantos quilômetros já teríamos descido na vertical?

Não estou dizendo que a noite escura é antídoto contra contêineres. Claro que não, até porque, como disse, não fica um cristão de vigília o tempo todo, olhando para o Mar. Agora, por exemplo, eu estou dentro da cabine, escrevendo, enquanto o Negrão, lá fora, vai-nos levando em frente. Daqui a pouco, a meu critério, vou dar uma olhadela geral e volto. Senão, como ficaria este único e extraordinário trabalho intelectual que se produz neste vaso de guerra? E mesmo que ficasse alguém lá fora, permanentemente – como ficávamos no *Madrugada*, por exemplo, levando-o na mão dia e noite –, não veria nada. Muito menos um contêiner.

A noite escura ajuda a ver luzes que se deslocam no Mar porque isso, em noite clara, de lua cheia, às vezes é muito difícil. Outra coisa: quem fica sempre lá fora é o piloto automático, carinhosamente chamado Negrão, nos meios náuticos. Ele não pode entrar aqui em hipótese alguma. Ele não tem turno de trabalho. Está timoneando o nosso *Haaviti* desde que saímos de Palma de Majorca. Às vezes, para dar uma colher de chá, um de nós o desliga, toma o timão nas mãos e leva o barco durante um certo tempo. Afinal, ninguém é de ferro; só ele o é. Mas em compensação, se ele adoecer, estamos ferrados. Sorte que ele não adoece.

Quarta-feira, 29 de novembro.

Coordenadas das 22 h GMT de terça-feira: 18.37 N e 033.53 W.

Quase uma da madrugada. A partir de agora, o prontidão sou eu. Entramos no nono dia, ainda longe da metade. O rumo alterou-se um pouco para 294 graus, o vento é ainda aquele nordeste constante de 15 a 20 nós, faltam 1.639 milhas para St. Martin, o sol sairá aqui nesta longitude às 08h 31min, pondo-se às 19h 38min. Nossa velocidade, neste momento, é de ótimos oito nós. O Mar não está para peixe, muito embora os voadores pulem aqui para dentro a toda hora. Quando o peixe-voador bate fortemente no barco, seus olhos saltam de suas órbitas e caem fora. É um fenômeno quase chocante.

Ontem, passei toda a madrugada e toda a manhã examinando estas mal traçadas linhas. E não arredei pé daqui mais do que uma hora, se tanto. Antes, durante quase toda a noite, também não dormira. Fiquei, como se diz, sem saber onde pôr o ovo. Que estranho: dou-me conta, agora, que parecia haver algo no ar...

O Graeff esquentara o rango do dia anterior e ainda deu uma melhorada. Ao contrário dos demais dias, almoçamos antes das 11h. O café-almoço ficou melhor ainda do que o feijãozinho que ele fizera aqui para o Pero Vaz de Caminha, da Divisão Panzer. O Tatu lavou toda a louça que apareceu pela frente, até mesmo a que eu havia escondido, tão cheio andava de lavar pratos. Depois, à noite, ele foi resolutamente para o fogão e fez uma tal de rabanada, pão com ovo e outros venenos mais, que todos comemos até socar, de tão boa. Lavou toda a louça de novo. Mas ninguém falava; era um silêncio só. Em verdade, estávamos abalados com o que ocorrera no final da manhã, um fato desagradável e extremamente perigoso.

LAS TERESITAS
Praia artificial com areia trazida do Saara

LANZAROTE
Paisagem policromática (vulcânica)

LANZAROTE - Arrecife

LANZAROTE
Vapores de Timanfaya
Vulcão ainda em atividade

GIBRALTAR
Cidade velha

LANZAROTE
Marina de Arrecife
Bandeira brasileira içada no Haaviti

LANZAROTE
Paisagem calcinada
Ao fundo, o Oceano

GIBRALTAR
Ao fundo, "the Rock"

A TRIPULAÇÃO
Amorim, Tatu e Graeff

LAS PALMAS
Haaviti na boca da marina

TATU
trimando o balão

ISLA DE LOS LOBOS

MUSEU DE COLOMBO

TENERIFE
Monte Teide. Cume nevado do vulcão

CARAVELA LA NIÑA

MUSEU CANARIO

ESCREVENDO
Início do livro. Atlântico, través do Marrocos

ILHA DE TENERIFE
Vales, montanhas e precipícios

Ao fundo, Ilha De La Gomera

AMORIM
Arriando o balão sobre a rede

GOLFINHOS
Presença constante na travesia

DOURADO FISGADO
Tatu em alto-mar

CRONOMETRAGEM
Em algum lugar do Oceano

GRAEFF E AMORIM
Içando o grande, Ilha de Fuerteventura, Canarias

ILHA DE FUERTEVENTURA
Morro Jable

"TRABALHO DURO"
No través da ilha de Fuerteventura

HAAVITI
Ancorado ao largo de St. Barthelemy,
logo após a travessia

SINT MAARTEN
No porto do abrigo final

Ontem, 28 de novembro, terça-feira, precisamente às 11h 13min, nas coordenadas 18.51.070 N e 032.36.999 W, ocorreu o que mais temem todos que navegam pelo Mar: abalroamos uma enorme baleia. Este é e sempre foi o terror de todo velejador.

Ficamos, todos nós, muito tocados. Passamos o dia quase em silêncio. Aquele clima contagiante de fraterna alegria e gozação, até ali imperante no barco, não se fez presente. Durante o resto do dia, ninguém dormiu. Enquanto eu escrevia, notava o semblante pesado dos companheiros. Nada bom. À noite, durante a roda do SSB, o assunto não foi outro entre os demais velejadores. Até da Indonésia vieram narrações de casos ocorridos. E isso só piorava o nosso já baixo astral.

Foi um choque. Literalmente. Choque que atingiu o íntimo de cada um de nós. Ficamos imaginando o que teria ocorrido se o enorme cetáceo atingisse, por exemplo, um dos lemes da embarcação. Certamente, o leme rebentaria e abriria o túnel pelo qual o equipamento atingido liga-se ao interior do barco. Iríamos ao fundo. É bem verdade que não tão rápido, mas, fatalmente, o barco soçobraria. Talvez tivéssemos tempo de sair para a balsa de salvatagem; mas também poderíamos ficar por aí, à deriva, até que alguém.... ou um tubarão....sei lá.

Pensou-se, ainda, na hipótese de uma colisão frontal com um dos cascos. O barco, então, travaria daquele lado e, com o outro casco progredindo livremente, um cavalo-de-pau ocorreria face à grande velocidade desenvolvida naquele momento. A proa do casco liberado, ao mergulhar, faria com que o barco capotasse: o temido *capsize*. E catamarãs não desviram; eles afundam.

É bastante comentada, nos meios vélicos, a sorte de um casal que recentemente velejava pelo Pacífico, na região do Havaí, a bordo de um *Arpège 28*. Colidiram com uma baleia, o barco afundou, e eles ficaram 63 dias no Mar, à deriva. Por pouco não morreram.

Outra ocorrência destas deu-se próximo a Galápagos, na costa ocidental da América do Sul, quando uma baleia-piloto atacou um veleiro, pondo-o a pique. Eles teriam colidido e a baleia, ferida, voltou para atacar o barco.

Há casos relatados de fêmeas que atacam embarcações que passam próximas de seus filhotes. Querem defendê-los da ameaça. Também há relatos de colisões com baleias que estão dormindo e que, quando atingidas, reagem e saem atrás da embarcação, procurando enfrentá-la.

Felizmente, há teorias segundo as quais baleias não atacam catamarãs porque estes, sendo constituídos de dois cascos, aparentam ser dois enormes peixes, e não apenas um, como no caso dos monocascos. Teorias...

O cetáceo deve ter sido atropelado pelo bordo interno do casco de boreste, próximo à proa, isto é, o lado que fica para a linha média longitudinal do *Haaviti*. Conforme ocorreu a colisão, o barco travou, dando a impressão de que a baleia passou por baixo da ponte, levantando levemente a embarcação. A parte da ponte de ligação entre os cascos mais fortemente atingida é, precisamente, onde se localiza meu camarote. Pouco antes do acidente, eu havia ido deitar.

Depois da pancada, a baleia imediatamente surgiu pela popa, na esteira deixada pelo barco, ergueu seu enorme corpo e deu o que o homem do Mar chama de cachimbada (o esguicho característico); em seguida, desapareceu. O temor de que viesse a nos atacar demorou muito a se desfazer. O Graeff chegou a ver o lombo escuro do animal quando este se afastava. Ninguém está preparado para enfrentar serenamente tal situação. O Tatu entrou correndo no barco, foi ao meu camarote, levantou os paineiros e constatou que estava tudo bem. Não havia infiltração d'água e sequer rachaduras.

Minha cama fica na parte frontal do barco, na proa, a boreste, transversal em relação ao eixo longitudinal da embarcação, local onde ocorreu a colisão. Ela forma um prolongamento com a cama do camarote correspondente, situado no casco de bombordo. Por isso, literalmente, eu durmo sobre as águas. Os dois camarotes de proa – um em cada casco – ficam no que chamamos ponte, isto é, a parte que liga os dois cascos um ao outro e onde se localizam a área externa de popa, o salão interno e, um pouco mais para vante, os dois referidos camarotes. No extremo frontal do barco, na proa, portanto, situa-se a rede suspensa entre a ponte, os dois cascos e a barra transversal de sustentação do estai de vante.

Vista de fora, a ponte não fica mais do que meio metro da superfície da água. É a região que sofre os mais violentos impactos das ondas, provocando os estrondos antes referidos. Os mais fortes estremecem, literalmente, toda a embarcação. Parece que tudo vai desmanchar.

O Tatu ocupa o camarote de popa do casco de bombordo; o Graeff ocupa o correspondente ao do Tatu, só que no casco de boreste. Ou seja, o Graeff é meu vizinho de camarote – ele no de trás e eu no da frente, no mesmo casco de boreste. Entre ambos, os banheiros de cada camarote e, entre estes, a pequena escada de três degraus que dá acesso ao salão interno.

Feita essa digressão, é fácil imaginar que, com o Mar muito mexido, como este que temos enfrentado nos últimos dias, ocorrem explosões de ondas contra a ponte, pela proa, em virtude das parciais, porém grandes, mergulhadas que o barco faz nas cavas das ondas imensas. São muralhas d'água que levam por diante tudo o que encontram. Não por outra razão, os barcos surfam nas ondas quando navegam de popa.

Derrubado pelo sono, eu já estava me acostumando com os tais estrondos; eles já ocorriam no trecho do Mediterrâneo, em que a navegada foi muito dura. Parecia que iam levantar o assoalho da cabine, rebentando o cavername do barco, inundando tudo de vez.

Na colisão com a baleia, notei que houve uma dessas frequentes trombadas mas, diferentemente das demais, senti o barco travando, como se tivesse freado. Pareceu-me, porém, que ele encontrara a cava mais profunda de uma onda bem maior, o que acontece com alguma regularidade nesta região do Atlântico. Os manuais chamam a atenção para ondas que, apesar de um Mar calmo e tranquilo, vêm com grande força e tamanho bem maior que o comum. São ondas resultantes de fortes temporais ocorrentes nas altas latitudes do norte do Atlântico e que, arrastando consigo enormes massas d'água, transformam-se, em alta velocidade, nos famosos *swell*. Estes, em alguns casos, viram embarcações situadas aqui, tão longe da origem do fenômeno. São, verdadeiramente, um pequeno *tsunami*.

Assim, atribuí o choque a um *swell* e virei para o lado, pretendendo seguir meu breve descanso. Não era *swell*. Era uma baleia. Era *whale*. *WHALE* e das grandes. E das grandes...

Teria sido por isso que a Magra, ao despedir-se de mim, em Las Palmas, estava tão apreensiva?

....

São cinco horas da manhã locais. Vamos no rumo 290, com ventos ainda de nordeste. O tempo é bom. A velocidade é entre 6 e 7 nós, o sol virá às 08h 34min e se porá às 19h 41min.

....

São 21 h GMT, noite magnífica com uma lua maravilhosa brilhando no Mar. Ela provoca um facho de luz que vem por baixo da retranca, como se quisesse entrar no barco. O Mar, durante o dia, esteve grande, bem mexido. Não consegui escrever uma letra sequer. Tudo sacode. À tarde, avistamos um veleiro por boreste quando encontrávamo-nos no rumo 296. Às 13 horas, estávamos em 18.40 N e 035.44 W, faltando 1.555 milhas para St. Martin. Navegávamos, naquela ocasião, igualmente no rumo 296, de balão e com ventos soprando de nordeste.

5
DO MEIO DO MAR OCEANO AO MAR DO CARIBE

ESTADOS
UNIDOS

EUROPA

ÁFRICA

MAJORCA

SAÍDA 18 DE OUTUBRO

19 DE OUTUBRO

GIBRALTAR 22 DE OUTUBRO

ISLA GRACIOSA

Ilhas Canárias

2 DE NOVEMBRO

10 DE NOVEMBRO

24 DE NOVEMBRO

27 DE NOVEMBRO

1 DE DEZEMBRO

5 DE DEZEMBRO

SINT MAARTEN

CUBA

OCEANO ATLÂNTICO

BRASIL

Quinta-feira, 30 de novembro.

Coordenadas das 22h GMT de quarta-feira: 18.38 N e 036.45 W.

Pouco antes da meia-noite, sou despertado pelo Tatu. O balão enroscara-se outra vez no estai de proa. Quando lá cheguei, o Graeff já estava sobre a rede. O balão foi arriado, posto pela gaiuta da proa no paiol onde ele mora, abrimos a asa-de-pombo e seguimos adiante. Manobra perfeita, bem mais tranquila que a inesquecível manobra no través de Casablanca, ainda antes de chegarmos às Canárias. Lá foi muito duro; aqui tem sido mais fácil.

O vento está forte; o Mar está agitado. Mas o balão foi recolhido sem maiores problemas. Apenas um pouco molhado, porque eu não o segurei como devia. Pela manhã, será posto para secar.

Pronto, já temos assunto para um dia inteiro. Se é que a trova já estará hoje de volta...E tem gente que pensa que em barco a vela não há nada para fazer e nem assunto para conversar! Por isso, esses velejadores malucos vivem lendo. Total: eles não têm mesmo o que fazer; velejar é uma coisa monótona. E muito demorada...

Ultrapassamos a metade!

Agora, às 14h 30min-GMT, já estamos do lado de cá da travessia. Após completarmos, neste Mar Oceano, nove fantásticos dias de navegada, desde Las Palmas de Gran Canaria, cruzamos a marca do meio. Passamos para o lado oeste da grande cruzada. Se tudo continuar assim, faremos a travessia entre 18 e 21 dias.

Nossa posição agora é 18.31 N e 038.54 W. Para St. Martin, faltam 1.375 milhas; Las Palmas ficou 1.415 milhas para trás. Nosso rumo é 279, direto ao objetivo, e estamos surfando a uma velocidade entre 8 e 9 nós com ventos fortes entre 30 e 35 nós.

Apossa-se de mim o sentimento de que estou, finalmente, voltando para casa. É estranho: mesmo estando tão longe do ponto final, sinto uma espécie de vitória antecipada. Muito embora falte ainda exatamente tudo o que já percorremos, desde Las Palmas.

O Mar, este desconhecido imprevisível, ergue-se em monumentais paredões, rugindo sinistro. Levantam-se gigantescas ondas de água cor de petróleo brilhante. A navegada, conquanto ainda duríssima, é branda se comparada à de ontem à noite.

O *Haaviti* comporta-se como o fazem os bravos e fortes. Provou meu erro, reconheço: ele é um valente. E por isso eu o respeito. Como ao *Molecão*. Decidido e bravo, enfrenta galhardamente este Oceano gigantesco, tangido por ventos e vagalhões capazes de preocupar os mais calejados navegantes.

Emociono-me. Como diz a canção, *se chorei ou se sofri, o importante é que emoções eu vivi*. E para vivê-las, busco o mais profundo do meu ser e de lá recolho, com amor e respeito:

Muito obrigado, Haaviti
por me teres trazido aqui
neste Mar grosso e profundo
que a melhor coisa do mundo
é mesmo sair por aí
sem lenço, sem documento

pronto para a qualquer momento
o Mar grandioso singrar
e dizer todos os dias
quanta e quanta alegria
o Mar eterno me dá...

Sexta-feira, 1º de dezembro.

Coordenadas das 22 h GMT de quinta-feira: 18.23 N e 039.41 W.

São cinco horas da manhã. Começou dezembro. Estamos cruzando o centro do Mar Oceano, no hemisfério norte, a 1.262 milhas de St. Martin. Há 4.668 metros de água por baixo de nós. Como temos pensado nisso.

Abro a carta 4.012 do Atlântico Norte, fixo uma das pontas do compasso de navegação no ponto em que estamos, e giro o instrumento 360 graus. Levo ambas as pontas até a régua vertical de medida das latitudes e constato: em um raio de 1.200 milhas em nosso entorno, inexiste terra conhecida. Também não temos notícia de qualquer embarcação navegando por perto. Cerca-nos a espantosa vastidão do grande Mar. Estamos no planeta Água; hoje é dezembro. Somos nada.

É dezembro, mês das expectativas do fim de ano e planos para o próximo. É sempre assim. O ser humano teima em querer o que ainda não tem: o futuro; ou prende-se, desesperadamente, ao que ele já não tem: o passado. Recusa o seu tempo. Duas condutas, um só resultado: ele é infeliz. O dia em que vivermos no presente, como agora nós, aqui, neste imenso Oceano, viveremos melhor. Viveremos felizes. Melhor, porque não estaremos buscando o impossível: resgatar o passado e saber o futuro. Felizes, porque satisfeitos com o que temos aqui e agora.

O consumismo por que passa a humanidade, se leva ao conforto fácil, retira o que podemos ter sem consumir: a autossuficiência. Quantos têm uma bela casa na praia e moram em um quase-cortiço na cidade grande! Vivem privações durante onze meses para, em troca, viverem um mês, ou menos, numa realidade que não é real. Por que? Certamente, por causa desse monstro voraz, a maldita posição social, que rouba ao homem o que talvez mais o iguale a seu semelhante: a simplicidade.

O ser humano, com sede de destaque em seu grupo, esqueceu-se de olhar para dentro; já nem mesmo sabe quem é. E a tal ponto que restou desfigurado pela vassalagem ao novo imperador da sociedade moderna: a aprovação social. Desvirtuou-se. Cuida apenas e tão somente dos efeitos mais favoráveis que sua vida social de fachada lhe proporciona. Prostituiu-se. Saiu de si próprio e buscou estranhos caminhos de submissão.

O homem já não tem mais vergonha de si próprio. Rebaixou-se. Busca somente a suficiência do *status* que os indicadores sociais lhe exigem, na repugnante bolsa de quem aparece mais. Aviltou-se. O homem degenerou-se e isso deve-se a uma só causa: a cultura deixou de ser um bem em si mesma. Ela não tem cotação em bolsa; já não há mercado para ela.

Felizes os simples, felizes os que se aceitam como são e que podem ficar sós consigo mesmos; felizes os que se bastam. Estes são felizes porque não devem provar nada a ninguém. Nem a si próprios: eles se conhecem.

Hoje *parece dezembro de um ano dourado*. E este ano, para mim, foi e até o fim será dourado. O melhor ano de minha existência. Porque é o do presente. O futuro será tão bom? Será, com certeza, ainda melhor porque, se eu fraquejar e quiser olhar para trás, verei que lá ficou um grande ano: o ano 2.000, um ano dourado. E se assim aconteceu, assim poderá acontecer outra vez.

Mas não estou esperando pelo novo ano porque sei que certamente virá. Não fiquei esperando o sistema me comandar, dizendo que rumo eu deveria seguir. Escolhi a minha rota. Não fiquei chorando as tormentas, porque elas nem são tão fortes assim e, além disso, preparei-me para suportá-las. Elas não conseguirão tirar-me do rumo. Preciso de muito pouco, embora receba em abundância. É por tudo isso que vou sem pressa, sem medo, sem ansiedade, sem aflições. Sou um velejador.

....

Já faz alguns dias que ocorreu o episódio da baleia. Nesse interregno, procurando verdadeiramente levantar o moral da turma, deixei de ser o exclusivo lavador de louça, aqui da pensão, e assumi o papel de desajeitado comediante. Inventei uma "hora de arte". Virei o palhaço de plantão para ver se distraía a galera, naturalmente ainda bastante tensa. Não há como abreviar a navegada. Estamos a mais de 1.000 milhas da terra mais próxima e o remédio é levar tudo na caricatura, na sátira e até no deboche.

Assim, para minimizar a situação obsessiva que nos faz pensar apenas no risco de naufragar, fiz o *Pé-quente* conviver pessoalmente conosco, na qualidade de verdadeiro tripulante. Passei a falar como se eu próprio fosse o Pé. E será que não sou mesmo?...

Tão logo termino de escrever, passo a encenar para os rapazes o papel voluntariamente assumido: o *Pé-quente* em alegres horas de arte. É possível que, quando voltar à terra, eu julgue ridículo o que agora escrevo com vistas a aliviar o tenso ambiente. Enfrentamos a sinistra realidade: volta e meia o Graeff indaga, com seriedade, se a baleia estará ferida, ou se ela voltará para nos atacar; se voltará sozinha, ou com dezenas de outras. Só pode saber o que sentimos quem já tenha, porventura, passado por algo semelhante ao que estamos passando.

Sábado, 02 de dezembro.

Coordenadas das 22h GMT de sexta-feira: 17.56 N e 042.23 W.

Inicio o primeiro quarto do dia. Faltam 1.156 milhas para St. Martin; rumo 305; ventos ENE; alvorecer 09h 06min-GMT. E aqui vamos tentando elevar o moral da pensão, na cara e na coragem. O besteirol corre solto e a coisa tem sido mais leve. Sou o melhor comediante num raio de muito mais de dois mil quilômetros. Aliás, nesse raio, somos os melhores em tudo. Não há mais ninguém por aqui...

O tempo anda inconstante, incerto. Acabo de corrigir 20 graus no rumo. O vento orçou e desarmou a genoa que está, em asa-de-pombo, armada a barlavento. Fico ligado: se ela voltar para onde estava, tenho de imediatamente orçar para que não ocorra o eternamente perigoso jaibe do grande. Os ventos têm variado muito, de direção e intensidade.

Na calmaria de ontem, diminuímos bastante a velocidade, mas, com o passar da noite e a reentrada do vento forte, recuperamos o retardamento. Por isso, a singradura permaneceu ao redor das mesmas 170 milhas que, em geral, tem-nos acompanhado. Enormes pirajás despejam sobre nossas cabeças toneladas d'água. Mas o tempo tem ajudado e não será contrariado. Devemos entendê-lo. O tempo é amigo do homem do Mar.

....

Agora são 18h 30min. Não consegui escrever o dia todo. Não há como. Vamos a 10 nós, em uma grande baloneada. Levantamos o balão às 14 horas. Vamos retirá-lo quando cair a noite. As manobras noturnas de balão têm sido mais difíceis. Mas a turminha é teimosa: sempre quer recuperar o tempo perdido nas calmarias. Daí a mania do balão tendente a ser diuturna.

O sol se porá às 20 horas. Mas amanhã ele voltará a iluminar nosso caminho. Pelas informações colhidas ontem no SSB, a presença de vida humana mais próxima neste Mar infinito está a mais de quatrocentas milhas daqui. Deve ser um veleiro retardatário da ARC. Não sabemos. E nós, aqui, velejando de balão à noite...

....

Na hora de arte, o *Pé-quente* faz a maior crítica ao balão noturno, dizendo a verdade. Devido ao tom de pilhéria, nenhum dos três malucos fica ofendido. Infelizmente. Mas acho que ao menos pensam no que pode acontecer se houver uma encrenca noturna com o balão. Ataco, pois, outra vez, de *Pé-quente*...

Domingo, 03 de dezembro.

Coordenadas das 22h GMT de sábado: 17.59 N e 045.16 W.

Começa um novo dia. Agora é uma hora da madrugada. Faltam 991 milhas para o ponto de destino. Nosso rumo magnético é 304 graus, com vento aumentando de nordeste – 20 nós.

Subi para o *cockpit* cerca das 22 horas, após dormir desde às 19 horas. Era meu primeiro sono do dia. Mas preciso estar atento para não perder um detalhe sequer do entorno. A noite é belíssima. A lua crescente, com sua metade já quase completa, vai-se pondo aos poucos para oeste, por baixo da retranca, no bombordo. Para leste, pela popa, as constelações de Orion e, depois, Touro parecem seguir os passos da enorme e brilhante Sirius, que se encontra sobre nós. Pela nossa marcha rumo às maiores longitudes de oeste, a cada dia que passa, todas as estrelas parecem cair um pouco mais para o nascente, em relação à hora da noite em que privilegiadamente as observo.

Na mesa de navegação, encontro a "máquina humana de navegar" de pé, olhando a carta. É desconcertante, para mim, a extrema naturalidade com que o Tatu veleja. É impressionante vê-lo na travessia, sem perder um só detalhe. Para quem chegou temporão, como eu, à atividade marinheira, isso fica acima de qualquer compreensão.

Já disse antes, meu aprendizado não foi fácil. Jamais tive e jamais terei o reflexo desses homens que começaram a navegar ainda crianças. Como o meu Rafael, por exemplo; ou o Tatu. Eles navegam com a mesma naturalidade e conhecimento de causa com que eu escovo os dentes. É a natureza deles. Esforço-me o que posso para imitá-los, mas falta-me a base: o reflexo, que desemboca na facilidade em fazer. Não cheguei a tempo de alcançá-lo.

Esta noite, o Mar está enraivecido como poucas vezes esteve. O barulho é ensurdecedor. Digitar torna-se muito difícil. O barco joga como nunca jogou até aqui. O vento uiva lá fora. Mas é o mesmo e benvindo vento leste-nordeste, que nos tem acompanhado desde Las Palmas, com poucas variações de direção. O Mar fica imenso.

Vou-me segurando até a roda de leme de boreste e fito a extensa mancha de *noctiluca miliaris* que o barco vai deixando para trás. Apoiado no guarda-mancebo, sento-me para apreciá-la. É um outro firmamento, salpicado de estrelas como o próprio céu. E reflito: aquele rastro, que agora vejo, não deixa, por certo, de existir durante o dia; mas eu não consigo vê-lo. Não o vejo porque não há o contraste da escuridão da noite, para que a luminescência apareça. Mas ele permanece lá. As estrelas também são assim; não deixam de existir só porque não se pode vê-las. São uma realidade que queremos, mas não podemos ver.

Penso no avesso dessa reflexão. Enquanto esta é uma realidade que queremos ver, mas não podemos, quantas mais existem que podemos ver, mas não queremos? Quantas vezes enganamos a liberdade de vê-las, ainda que sejam coisas muito simples? Fala-se tanto em liberdade, mas não se fala na simplicidade. Esta é a medida daquela: quanto mais simples, mais liberto; quanto menos, mais dependente. Ambas vivem uma relação harmoniosa, mas a liberdade depende da simplicidade. Aquela não existe, se não existe esta; mas a simplicidade até pode existir, ainda que não exista a outra. Os escravos são simples; mas são escravos.

A liberdade não ocorre sem a simplicidade. Esta é a irremediabilidade de tal dependência. Sem simplicidade, não há liberdade porque o fútil sempre cobrou caro pedágio da liberdade. Ele avassala, escraviza. A dependência do fútil, do que não é indispensável, tira a liberdade na medida em que não se pode estar sem ele. E por depender-se dele, não se é livre. O velejador busca a liberdade. Ele possui o requisito básico: ele é simples.

Se o meio não me permite ser simples e se eu me rebelo ou não posso me rebelar contra o meio opressor, liberdade eu não tenho. Porque a única liberdade possível é a da não sujeição. E quem se sujeita, depende, precisa; quem precisa não tem liberdade. É um tutelado. Está subjugado ao objeto de que carece. Quanto menos se precisar de algo fora de nós, maior liberdade teremos. A liberdade, em seu ponto culminante, é a desnecessidade, é o bastar-se a si próprio. Sem simplicidade, a liberdade é apenas uma palavra.

....

Acordo com um estrondo em baixo de mim que quase me arrancou da cama. Ao sair de uma cava de onda maior, o *Haaviti* deve ter levantado muito a proa para compensar o mergulho de nariz e a onda seguinte.

Fui para a cama às duas horas, pensando na estabilidade emocional dessas máquinas de velejar. Quem não conviver com eles dentro de um barco, em uma grande navegada, não imaginará como são incríveis essas criaturas. Quando velejam, não parecem seres humanos; são irracionais. Penso até que não raciocinam como o comum dos mortais. Conquanto a natureza os haja dotado de inteligência superior, são brilhantes, acho que se tornam animais instintuais, tal a naturalidade e perfeição com que velejam. Tudo fazem nos barcos, tudo conhecem. São capazes de construir os barcos. E pô-los para navegar. Todos são grandes costureiros de velas rasgadas, emendam cabos partidos, consertam aparelhos avariados, resolvem problemas elétricos e de motor, conhecem os ventos, são íntimos do Mar, das estrelas, dos humores do barco, cozinham muito bem, e assim por diante. Para eles, tanto faz o timão, quanto a chave de fenda. Levam tudo a bom termo.

Já fui para o Mar, fiz translados e já corri regatas com sete desses monstros. Jamais saberei qual o melhor dentre eles na ordem em que, no Templo eterno, com eles entrei. Não tenho como saber. Talvez só haja mesmo uma única coisa em que não me superam: nenhum deles é mais louco do que eu. E todos sabem disso. Dentre os velejadores que conheço, escolhi estes porque, sob seus comandos, não apenas fiz longos translados mas igualmente corri regatas no Mar. Outros haverá, por certo, mas, com estes sete, compartilhei inesquecíveis momentos de aprendizado e prazer.

O primeiro desses estranhos seres que conheci é o Bóris Ostergreen. Dentre meus mais próximos amigos, o Bóris é, certamente, um dos mais calmos e pacíficos. Velejando, entretanto, é ousado; e frio como o mármore. Não é por nada que se tornou campeão mundial de vela. Não é por nada que já foi a duas Olimpíadas como técnico da equipe brasileira de vela. Ele é uma geladeira que veleja. Quando tudo está parado, sem vento algum, numa exasperante calmaria, só o Bóris sabe captar o vento, algum vento. Às vezes, ele pede um cigarro aceso para alguém e fica, longo tempo, olhando a fumaça desprender-se no ar. Não fala, não respira; fica imóvel. Para os mortais, a fumaça apenas sobe na vertical; para ele, ela mostra a direção do vento que só ele vê.

Certa feita, corríamos a regata longa do Circuito de Florianópolis, no *Iron lady,* do Mauro Galicchio (onde anda o Galicchio?). Eu me considerava a maior autoridade internacional em navegação presente no hemisfério sul. O Bóris, ao longo do percurso, ia me indagando sobre profundidades, rumos, correntes. E eu me achando o máximo. Deixa para lá que é tudo comigo.

Contornávamos a Ilha Coral, de fronte a Garopaba, uma das mais perigosas da região devido às pedras submersas esparramadas em seu lado sudoeste, sem qualquer sinalização identificadora. Sentado na borda, eu controlava nossa passagem com um olho no GPS e o outro na carta, que levava sobre as pernas. Lá pelas tantas, disse a ele que mudasse imediatamente o rumo, senão bateríamos nas pedras, eis que as circunstanciais correntes arquejantes do perímetro e não sei o que mais... Eu sabia tudo.

O Bóris dizia que ia dar, que a carta estava errada, que não podia ser, onde já se viu regata sem risco, que na véspera, certamente, haviam retirado as pedras dali... Passamos. Fiquei com cara de bobo e o Bóris, carinhosamente, segurou a minha mão e me cumprimentou pelo belo trabalho feito. Até hoje desconfio que ele nem estava ouvindo minhas sábias e bem fundadas instruções. Máquina de velejar.

Depois do Bóris, quase ao mesmo tempo, conheci o Nelson Horn Ilha. Da primeira vez que levei o *Molecão* para o Mar, o comandante era o Nelson. Era impressionante: ele saía de quarto, deitava e imediatamente dormia; duas horas depois, pontualmente, na mesmíssima posição em que adormecera, despertava de modo automático, sem ninguém acordá-lo. Retomava seu turno de vigília. A naturalidade com que conduzia a navegada era algo acima da minha compreensão.

Na saída de Rio Grande, houve um princípio de incêndio a bordo, partindo do painel de instrumentos. O Nelson foi lá, deu uns berros com os fios, e voltou com tudo resolvido. Não entendi nada. O Nelson não havia nascido e já corria regatas pela Lagoa dos Patos, no útero da Valmy. Ele nasceu velejador. E é marinheiro até no nome: seu prenome é o do herói de Trafalgar; o sobrenome é composto do acidente geográfico mais benvindo e o do cabo mais temido pelos navegantes em geral. Hoje, ele é juiz de regatas nas competições olímpicas do mundo inteiro.

Naquele primeiro traslado do *Molecão,* éramos quatro no barco; os turnos feitos com dois tripulantes. É que um deles não poderia ficar sozinho, à noite, responsável por um turno de vigília. Não tinha experiência suficiente. O inexperiente era eu.

Dois dias após a partida, durante a noite, tivemos que fazer uma manobra de balão. Quando o Joca e eu fomos para o convés, o Nelson lembrou-nos que havia um cabo amarrado no guarda-mancebo, por boreste, que certamente impediria a passagem da escota do balão. Seria o maior desastre. Durante a primeira noite, o Joca amarrara o cabo ali e só o Nelson vira. Ele lembraria dois dias depois.

Nelson vê no escuro. E tem memória de elefante. Além disso, é tão maluco que fazia traslados para cima e para baixo, por esta costa toda, levando apenas bolacha e água. Era para treinar sobrevivência... Na vez em que me levou para correr a regata Santos-Rio, ele timoneou o barco, dia-e-noite, durante quase todo o tempo que durou o longo percurso. Raramente entregava o leme para alguém. No comando, creio que o Nelson não dormiu um só minuto. Naquele barco, eu era certamente o mais velho tripulante; todos os demais poderiam ser meus filhos. Até o Nelson poderia.

Nessa minha segunda Santos-Rio, as coisas não foram muito melhores do que da primeira vez: fiquei vinte e três horas consecutivas sentado na borda do barco, fazendo contra-peso com toda a tripulação. Encharcado, cansado, com sono, louco para fazer xixi e odiando o Nelson, eu me perguntava a toda hora: "o que é mesmo que eu estou fazendo aqui?"

Após aquele primeiro traslado com o *Molecão*, permaneci pela costa catarinense, sofrendo as dores do tardio aprendizado. Ali apliquei muito do que havia, até então, aprendido com o Bóris e o Nelson, meus primeiros e pacientes mestres. Depois, nunca mais entreguei o comando do meu barco para quem quer que seja.

....

Estamos a 944 milhas do porto de chegada. A noite é incrivelmente estrelada. O vento, muito forte, sopra a 30 nós. O barco, galhardamente, luta contra o Mar revolto. O vento aumentou em muito a altura das ondas, mas se esfrega sobre elas, com isso ainda impedindo que se esborrifem e levantem espuma sobre nós. Contudo, já não me passa pela cabeça chamar o comandante para determinar manobras a fim de manter o barco em segurança. Meus companheiros estão dormindo e assim continuarão. Mesmo, como agora, quando o vento uiva raivoso, levantando enormes montanhas líquidas atrás de mim, enquanto o barco surfa, perigosamente, a doze nós de velocidade.

Nessas condições, torna-se quase impossível digitar no *laptop*. Só o exemplo dessas obstinadas máquinas humanas de velejar me faz permanecer tentando. Sei que tenho de diminuir o pano. Vou enrolar a genoa: o barco poderia mergulhar em uma cava de onda e, quem sabe, capotar. E catamarãs não desviram...

Todos os meus atos são prévia e cuidadosamente pensados. São praticados com demora. É o imenso temor de errar, o medo dos que sabem pouco, dos que aprenderam tarde, dos que chegaram depois. Para esses outros seres, como o Tatu, que agora dorme, são atos conaturais a suas estruturas psíquicas e de formação vélica. E eu jamais chegarei a ser um desses.

Sento-me outra vez na braçola da popa, por boreste. É o meu recanto contemplativo. Fico maravilhado com a estabilidade dessa monstruosa fortaleza que navega sobre suas duas enormes patas. Penso na estabilidade do barco e daqueles marinheiros que têm a vela no sangue. Penso na estabilidade tão ansiada pelo homem. O homem é um ser instável.

Quando deixou de ser nômade, porque a caça nos campos rareou, o homem fixou-se na terra para plantá-la e dali tirar seu sustento. O Mar era cerca de duzentos metros mais baixo do que é hoje. Ásia e América eram ligadas pelo estreito de Bering. Os desertos não eram secos como agora; a Inglaterra era continenal. Havia, pois, enormes extensões de terra contínua que hoje já não existem mais. E havia caça abundante, tornada rara pela insuficiência de reprodução.

O homem, então, foi cultivar a terra, primeiramente em lugares baixos e úmidos e, por isso mesmo, mais férteis, como os vales dos rios Amarelo, Eufrates, Nilo, Tigre e Mecong. Com isso, foi-se tornando definitivamente sedentário.

Então o homem agrupou-se, criou as primeiras regras escritas de convivência, para organizar, com alguma harmonia, suas relações dentro de seus grupos e entre estes. A partir de então, pensou haver adquirido estabilidade. Na verdade, acabava de perdê-la.

A vida grupal exige renúncia. Somos educados para que nosso direito vá até onde começa o direito do outro. Essa é a primeira regra de conduta, a primeira regra jurídica que o homem estabeleceu. E nem é bem uma regra de conduta, mas sim uma regra de conduta sobre regras de conduta, tanto que os juristas chamam-na regra de sobredireito. E a partir daí foram sendo criados os direitos do novo homem sedentário. Tinham como balizamento aquela regra primeira. De qualquer forma, porém, ela nasceu antes dos demais direitos. E criou a instabilidade no homem, ou seja, o direito dos outros...

Com a perda de seu estado nômade, o homem teve de renunciar à sua liberdade. Os raros povos nômades que ainda existem, como os esquimós, os penans malásios, os beduínos e os habitantes do sul do Chile, quase não têm regras. E nenhuma delas é escrita. Até são analfabetos. São como os velejadores solitários que, vez por outra, são vistos por aí. Escondem-se das cidades, fogem das convenções, não querem submeter-se a esse *establishment* devorador da liberdade. E por isso andam e trajam do jeito que os urbanoides chamam, ironicamente, de *não-convencional*. Em verdade, os ditos desajustados são pessoas que jamais renunciaram a sua liberdade. Cidadãos do mundo, sua pátria é o Mar. Como se diz por aí, eles chutaram o pau da barraca.

....

São, precisamente, 09h 33min-GMT. Pela popa, ligeiramente por bombordo, a partir do recanto contemplativo, vejo surgir enorme bola de fogo na linha em que o céu encontra o Mar. O astro-rei ergue-se lento no horizonte e não há poeta capaz de descrever essa extraordinária beleza. Ainda faltam 931 milhas para chegar. Como poderia eu, agora, dormir?...

....

O sol acabou de ir-se. É a vez da noite neste *show*. Passamos o domingo como se fosse um domingo qualquer. Velejaço, balão em cima o dia todo, grande almoço preparado pelo Graeff, com feijão e tudo. Foi um dia realmente maravilhoso, com a navegada de que estávamos precisando. Merecíamos. O Mar não andava amistoso conosco. Só o vento, à exceção desta madrugada, quando exagerou um pouco, ao menos para o meu gosto. Mas agora vai tudo bem. Acabamos de arriar o balão. Decidimos que ele não navegará mais à noite. Pensando bem, a hora de arte faz milagres...

....

Hoje, me apercebi da causa da extrema irritação nos meus olhos desde Gran Canaria, ou pouco depois. Por estranho que pareça, foi a partir da grade do chão do box do banheiro que descobri o que provoca a irritação. Sempre, depois que tomo banho, quando isso é possível, coloco a grade encostada na pia para secar melhor. Ela é de madeira. Em poucos minutos, está completamente seca. Só hoje, alertado pelo Graeff, dei-me conta de que o problema com os olhos, nessas latitudes, é a secura. Aqui inexiste umidade. Custa a crer que nesta imensa planície líquida, o clima seja seco como é.

Outra causa, ou concausa, da irritação é o sal. No Mar alto, até o ar é salgado. Sente-se coceira nos olhos e o gesto de passar as mãos é quase inevitável. A consequência: como as mãos estão permanentemente congestionadas pelo manuseio dos cabos salgados, os olhos recebem os resíduos de sal nelas existentes.

Mas segue o barco porque isso, afinal, é nada. Como digo aos parceiros, isso é reclamação de quem não tem do que reclamar...A não ser dos contêineres que andam por aí, fala, agourento, o Tatu. Pego o mote, vou para o *laptop* e prometo vingança do *Pé-quente*, com outra noitada de asneirol, a fim de ridicularizar outra possibilidade de acidente. Preparo o *script* e já começo o *show* naval da tarde-noite de domingo...

Segunda-feira, 04 de dezembro.

Coordenadas das 22 h-GMT de domingo: 18.14 N e 048.15 W.

À 01h-GMT, estamos a 822 milhas do porto de destino. Depois que o balão desceu, quase noite, nosso rumo manteve-se em 303 graus, embora tivéssemos passado o dia todo em 315. Mesmo prolongando um pouco mais a travessia, nossa ideia é continuar subindo de latitude. Os ventos predominantes em nosso destino final têm sido, nos últimos dias, de sudeste. Subindo-se um pouco, quando estivermos próximos à latitude de Cuba, daremos o jaibe e então entraremos no Mar do Caribe com um bordo mais favorável – quem sabe quase de través, amurados a bombordo. Quem sabe. Seriam os derradeiros dias de travessia do Mar Oceano, mas o vento é que dirá. Coisas de velejador.

A singradura foi a mesma dos últimos dias: em torno de 170 milhas. É incrível como os fortes ventos têm descontado as quase calmarias que vez ou outra encontramos. Disso resulta essa instigante uniformidade. Às vezes, andamos de 10 a 12 nós; outras, a quatro ou cinco. A média, porém, tem sido os 7 nós que colocam a singradura nesse padrão. Ela é o ideal para o nosso barco. Cada barco tem seu próprio humor, sua própria personalidade; há que respeitá-los. Eles são assim, como gente.

Ontem, a Magra ligou para a América e tentou falar comigo via SSB. Escutei sua voz por breves instantes; ela não me escutou. Sei que notícias ruins ela jamais me passará. Sabe que não há remédio: não tenho como sair daqui nem para ir a enterro. E não precisamos combinar nada acerca dessas coisas: ela é uma velejadora.

Por outro lado, para quem está em terra, é bom saber que estamos bem. Eles têm por que se preocupar conosco, embora jamais lhes fôssemos falar em baleias ou em contêineres. De qualquer sorte, foi muito bom ouvir a voz suave e segura da Magra. Ela é uma grande mulher, uma grande parceira.

O *Molecão* foi o primeiro veleiro na vida da Magra. Antes, ela jamais entrara em um barco a vela. Foi amor à primeira vista. Como o nosso. Com poucos meses de prática, ela já estava navegando comigo pela Lagoa dos Patos. Achava lindo o feitiço dos vendavais de verão, lá tão frequentes. Eles levantam trombas d'água da própria Lagoa e as arremessam sobre os barcos que se aventuram a singrá-la em épocas de temporais. Ela acha aquilo tudo muito lindo. Ela não tem medo de nada. É uma velejadora...

....

Quando me levantei para cumprir meu turno, fui direto para o recanto contemplativo da alheta de boreste, encostei-me na boia salva-vida e fiquei olhando para a lua. Cada noite que passa, ela cresce um pouquinho mais e vai retardando seu ocaso. Em breve, será lua crescente, coincidindo o seu desaparecimento, lá para o oeste, à meia-noite; e completará, também, sua metade então visível, ficando com meio disco para nossos olhos contemplarem. Milimetricamente, a lua vai retardando seu desaparecimento no horizonte a cada dia que passa. O dia dela é maior que o dia do sol. Sua noite é maior que a noite de ausência do astro-rei. Diversos destinos.

Para o ser humano, a diversidade de destinos está na adversidade. Por que alguns destinos são tão cruéis, tão sofridos, e outros não? Por que há pessoas marcadas para sofrer e outras para serem felizes? Por que, muitas vezes fruto de idênticas circunstâncias, para uns tudo é bom e para outros não?

Na maior parte das vezes, é a própria pessoa que atrai para si os espinhos e não a flor. Vezes sem conta, é a própria pessoa que, com sua atitude em face da vida, atrai o que há de bom e o seu avesso. A mesma chuva que é benfazeja para quem plantou, é nociva para quem quer colher. O mistério da vida é estar na chuva no momento de plantar e só colher no estio.

Para tanto, a primeira arma é a atitude. As histórias do otimista e do pessimista bastam por si sós. Não são anedotas; são a verdadeira comédia da vida. Não são histórias inventadas só para fazer graça; são a pura e dura realidade do dia-a-dia. O homem atrai o que há de bom. E o que há de mau também.

O primeiro caminho a trilhar para trazer a si o mal é queixar-se da vida. A vida não é indiferente ao queixume, ao lamúrio, à reclamação. Se as pessoas se limitassem a registrar o reclamo, ainda seria tolerável. Mas elas curtem o sofrimento no sentido de que passam a viver em função dele. Só pensam nele; dele se alimentam. São fiéis seguidoras dos perversos desígnios da adversidade. Entregam-se e fazem o jogo do mal. Assim, terminam por carregar o mal consigo mesmas.

Se observarmos detidamente os queixosos, os raivosos, veremos que eles realmente têm motivos para queixa, para raiva. Eles vivem mal consigo mesmos, embebidos do mal. Eles atraem o mal e o multiplicam. O limão, para eles, só serve para arder e fazer chorar. É sempre amargo.

O otimista, todavia, aquele que toma o limão para sorver seu amargor em forma de doce limonada, este é feliz. Por menos que tenha. Para este, o pouco é muita coisa; para o outro, nada satisfaz. Para este, a lua é bela todas as noites; para o outro, a lua é um fenômeno natural, invariável – é sempre a mesma coisa. Para aquele, a chuva é alegria porque, para alguém ao menos, é necessária; para o outro, a chuva é sempre fria e triste. Aquele aprecia o que é belo; este reclama do feio.

Eis o mistério da diversidade: a questão é, simplesmente, a postura frente aos fatos. Nada mais.

....

O relógio do barco marca duas horas. O Mar está voltando a rugir. Parece que vem outra madrugada de muito vento. Será como a de ontem? O Mar crescerá e o conforto presente acabará. A navegada voltará a ser muito dura. As monstruosas ondas de ontem vão erguer outra vez paredões ameaçadores aqui por trás de nós. Se estivéssemos em contravento, seria, então, muito pior. Vou até lá fora, diminuir os panos. E a lua estará no céu, olhando para mim. Contemplo-a e a vejo cada vez mais bela...

....

Faz dias que ultrapassamos o meridiano de um novo fuso horário. Por isso, nossa alvorada aqui está incrivelmente tardia. Mas não a da hora oficial, a GMT. Essa é sempre a mesma.

São quatro horas. Decididamente, não sou feito como esses computadores humanos de bordo que andam por aí. Acordei-me há poucos momentos, liguei a luz do meu camarote, olhei meu relógio e fiquei feliz: estava acordando bem na hora do meu quarto. Desta vez, o Tatu não precisou me chamar. Estava redondamente enganado. Faltavam ainda duas horas para o meu turno porque apenas duas horas antes eu acordara o Graeff e fora deitar. É a tal história de trabalhar com dois horários: o administrativo, do barco, para a nossa rotina diuturna, que acompanha o dia solar; e o GMT, para as anotações de navegação, sempre o mesmo no mundo todo.

Olhando o relógio, ainda sonolento, descontei uma hora para adaptá-lo ao horário do barco. Errei: deveria, isso sim, ter calculado ao contrário. Menos mal que o erro redundou em apenas duas horas. O pior seria se acontecesse amanhã porque, hoje à tarde, os relógios do barco serão atrasados em mais uma hora. Coisas de quem navega. E se engana.

....

Quando entro de hora outra vez, encontro o Tatu prevendo o que vem pela frente. Ele acompanha, na telinha do mesmo *laptop* em que escrevo, a última carta-boletim do *weather-fax*. Por ela, vê-se uma frente entrando no Caribe, na direção sudoeste, com ventos fortes. Vai deixando para trás de si ventos mais fortes ainda, que passam a soprar de norte. Mais para oeste, já em águas do Oceano Pacífico, na costa ocidental da América Central, aparecem ventos fortes de 35 nós, com ondas de até quatro metros de altura. São os temidos *gales*. Que fiquem por lá.

Em nossa rota, os ventos são os mesmos de antes, devendo alterarem-se com o avanço da frente. Ela já alcançou a extremidade sudeste de Cuba. Até chegarmos lá, porém, tudo outra vez pode estar mudado. A natureza é assim: mutante.

Vou para o recanto contemplativo e sento de frente para o sul, olhando pelo través. Busco Sirius ali no boreste, traço uma linha imaginária passando por Canopus, prossigo até o horizonte e lá está ele: lindo e altaneiro. Pela primeira vez o vejo desde que saí do hemisfério sul, quase dois meses atrás. O Cruzeiro do Sul é o íntimo parceiro que me orienta em tantas e tantas velejadas. Lá está ele cravado, no plano lençol do horizonte.

Sombra e mistério. A sombra que já se vai com o nascer do novo dia; o mistério que fica nas coisas que ninguém explica. Quem terá feito tudo isso?

Contemplativo e absorto, lembro os egípcios e me pergunto como puderam eles, milhares de anos atrás, conhecer este mesmo firmamento que, em plena era da eletrônica, não conheço tão bem? Como puderam, 5.000 anos passados, erguer a grande pirâmide, com sua base orientada exatamente nas direções norte-sul e leste-oeste? Como puderam erguer aqueles gigantescos paredões de pedra, inclinados 50 graus em relação ao solo? Como puderam, ao cabo de 91 degraus em cada face, fazê-las abraçarem-se lá no alto, formando mais um degrau comum a todas, com isso completando o mesmo número de dias que a terra leva para dar a volta ao redor do sol? E como puderam, desde a tumba do faraó, onde um dia me deitei para ver se era mesmo real, perscrutar o céu através de um estreito túnel inclinado que, do ventre da grande pirâmide, brota até sua parte exterior? O faraó, sepultado no centro daquela imensa montanha de pedra, poderia, eternamente, olhar o céu...

Quantos séculos foram necessários antes disso para os egípcios chegarem a esta intrigante precisão astronômica? Quem terá feito tudo isso?

E o que dizer do mistério da esfinge, do *decifra-me ou te devoro*? Impossibilitado de decifrá-la, fui por ela devorado porque nunca mais a esqueci. Ainda estou prostrado a seus pés, procurando saber quem a fez, quando, para que. E jamais saberei.

O mundo é belo, instigante. Ele está aí para ser contemplado. Ele deve ser compreendido pela aceitação de que está acima de nós compreendê-lo. Devemos vê-lo como um bem. Mesmo que a vida nos traga terríveis e naturais vendavais, que estão além de nossas forças evitar; mesmo que nos sejam jogadas as mais dolorosas injustiças engendradas pelos aleijumes morais que andam por aí, pensemos que a própria chuva, conquanto fria, há de servir para alguém. Ainda que ela seja como a mensagem do náufrago: ninguém sabe quem fez.

....

São, precisamente, 09h 35min-GMT. O disco de fogo, lá no leste, pela alheta de bombordo, acaba de retirar d'água o último pedaço de sua incandescente circunferência. Já não consigo fitá-lo. Agora ele está inteiro, trazendo um novo dia.

....

Agora, são 13h-GMT. Vamos, vagarosamente, no rumo 308, faltando 739 milhas para a indesejada despedida. Quisera reunir todos os meus amores e, com eles, viver no Mar...

Há pouco, levantamos o balão. O dia está maravilhoso, brilhante. O Mar, manso e acolhedor. Há dias, nem sei quantos, navegamos sozinhos neste mundo sem fim. Nossos únicos companheiros são o vento, o céu e o Mar. Nada e ninguém mais. O vento, da mesma direção, compartilha conosco este dia preguiçoso, lânguido.

Neste momento, estamos ouvindo músicas da incomparável Enya. Quero um dia conhecê-la. Vale a pena conhecer pessoas com alma assim. Escuto a faixa *On your shore*. Transcrevo as duas primeiras estrofes, que dizem

Strange how
My heart beats to find myself upon your shore
Strange how

I still feel
My loss of confort gone before

Cool waves wash now
And drift away with dreams of youth
So time is stolen
I cannot hold you long enough.

Fico perplexo. Parece que o mundo todo conspira no sentido de orientar meu pensamento: penso e sinto profundamente o meu entorno. Atento para ler as mensagens que o mundo me oferece. Creio que não haveria letra melhor que a desta faixa para refletir o que sinto agora.

É estranho como
Meu coração bate porque estou em tua praia;
É estranho como
Ainda sinto
A perda do bem que já se foi.

Frias ondas lavam agora
E levam meus sonhos de juventude.
O tempo foi roubado
E eu já não posso segurar você comigo.

Oh maravilhosa e terna coincidência! Como poderia alguém cantar esse lamento? Nascemos todos com a doença terminal da morte. A vida é só um sopro, já vai acabar. Por que então não nos abrimos para o que é belo, é puro, inteiro?

Espero que meu porto do abrigo final não sepulte meus sonhos de juventude. Ao contrário da canção ouvida, quero, até o fim, neste porto, pensar e sentir como sinto e ser capaz de retratar o sentimento do jeito que sei. E no anonimato, talvez, serei como a mensagem do náufrago...

O anonimato, eis o que nossa cultura, ou incultura, abomina, não suporta. Se não fomos convidados para a primeira fila, o espetáculo não presta. Se não somos os homenageados, as outras pessoas não souberam valorizar o mérito. Se não obtivemos o destaque, os outros escolheram mal. Mas, como na mensagem do náufrago, o anonimato restabelece o tempo perdido no supérfluo, no fútil, no banal. Quero viver para dentro de mim e olhar para o espetáculo da vida. Que está aí mesmo, esperando por nós.

....

Quase todo dia não saí da telinha. Preciso confirmar datas que lancei, horários, rumos, coordenadas, velocidades, singraduras, enfim. Tenho que conferir os apontamentos, às vezes, mais de uma vez. Para que tudo seja real, especialmente as coordenadas náuticas. Há pessoas que acompanham a leitura desses diários, tendo às mãos régua, compasso e GPS. Querem simular uma travessia virtual a partir da verdadeira. É um ótimo passatempo e ensina a fazer navegação nas cartas náuticas.

Bem por isso, hoje não fui ao recanto contemplativo. Espero fazê-lo no próximo quarto, o das seis da manhã. É o turno em que o dia nasce.

....

Agora, quando é mais de meia-noite e já estou de quarto – os relógios do barco foram atrasados em mais uma hora –, vamo-nos arrastando no rumo 287, a 662 milhas da chegada. Quando o Tatu me passou o turno, pediu que eu tentasse velejar ainda dentro do mesmo percurso, economizando combustível. E assim é. Temos variado entre calmarias e ventos fortes. Nessa época do ano, a coisa é assim mesmo.

Terça-feira, 05 de dezembro.

Coordenadas das 22 h GMT de segunda-feira: 18.21 N e 050.56 W.

Passava das sete da manhã, ocorreu um barulhão tremendo lá fora. Uma ventania entrou súbito de bombordo, surpeendendo-me. Mesmo estando dentro, a todo instante vou até à frente da pia olhar, pela gaiuta da coberta, o tope do mastro, para conferir a direção do vento e a normalidade da posição do velame. O corpo está aqui, mas a atenção, sempre lá fora. O estrondo foi algo inesperado porque o barco singrava suavemente. Íamos amurados a boreste. Era o sempre temido jaibe involuntário que traz risco para o estaiamento do barco, eis que pode explodir algum dos estais. E o catamarã só possui três: o de proa e os dois brandais, que são os sustentáculos laterais do mastro.

Corro para fora, desligo o piloto, agarro o leme e tento orçar o mais que posso, a fim de folgar o grande. Com o jaibe, ficamos com amuras a bombordo. O barco, corcoveando muito e de frente para a onda, move-se a baixa velocidade. Não tem potência suficiente para cambar e colocar-se com a vela outra vez no bombordo, como vinha. Ele simplesmente não orça. Os catamarãs não orçam.

Penso que, quando voltar, falarei com o Nelson Piccolo, para saber desse negócio de catamarãs. Quem sabe de catamarãs é o Nelson. Que o diga seu *Simbad*. Imagino que o Piccolo seja outra dessas máquinas de velejar. Afinal, como o Bóris, ele também foi campeão mundial de Snipe. Infelizmente, nunca velejei com ele.

Decido trocar de procedimento e vou em roda, seguindo para a posição de jaibe, a fim de sair pelo outro bordo. Já vou caçando o grande como posso. Com essa batedeira toda, o Graeff e o Tatu acordaram, mas só o Graeff corre para o convés. O outro fica nos olhando, com cara de sono, pondo apenas a cabeça para fora da gaiuta do seu camarote. Sua gaiuta é bem próxima ao timão de bombordo, onde estou manobrando. É ali que ficam os repetidores externos de navegação: bússola, piloto automático, chaves de partida dos motores, index e profundímetro.

Dou a volta em roda, opero novo jaibe e já saio pelo outro bordo, velejando em três quartos de popa outra vez. À nossa frente e por boreste, vários charutos de tormenta nos espreitam. Essas enormes e negras formações costumam conter tempestades elétricas, ventos fortíssimos e muita chuva. Com elas, o Mar fica gigantesco. O Tatu vem para o convés, dá uma olhada geral e...vai deitar de novo. Fico pensando: mas só porque o turno é meu, esse sujeito não vai dizer nada? Ele é mudo? Vai dormir de novo, como se o temporal fosse daqueles comuns aos verões de Tapes, que passam logo.

E lá se foi o Tatu para a toca, deixando-me manobrar o barco para entrar no que parecia ser muita chuva, muito vento e muito raio.

....

Agora são nove horas e eu já estou aqui de novo. Dormi cerca de duas horas. O resto, debito à eternidade. Lá, espero, também poderei velejar.

Vamos aqui, com 8 nós de velocidade e no rumo 302. Estamos a 589 milhas de St. Martin. Há coisa de uma hora atrás, o Graeff ficou meio assustado: estávamos voando baixo, a 15 nós, o recorde da travessia até agora. E eu lá embaixo, dormindo, sem saber de nada.

É impressionante como nossa singradura melhora após calmarias. O vento vem forte, parecendo querer-nos compensar de sua ausência. Estamos cercados de charutões de temporal. Cai uma chuva fortíssima, o que é muito bom porque esvazia as nuvens feias que aí estão – existem nuvens feias? Além disso, livra o convés, cabos e velame do sal já tão profundamente impregnado em tudo que se toca. O sal se entranha em tudo, inclusive em nós.

Nosso ambiente, como sempre, não pode ser melhor. Essa turma é mesmo sensacional. Em mais três ou quatro dias, estaremos findando esta convivência fraterna que tornou possível enfrentar as dificuldades da dura velejada. Já estou sentindo falta desses alemãezinhos, muito antes de nos separarmos. Para eles improviso, já saudoso, perguntando o que deles devo dizer,

Se não que são mucho loucos
com eles estoy quase rouco
de tanto dizer bobagem
e que esta camaradagem
deixe bem mais do que pouco.

Comendo frango ou peixinho
tenho que falar bem baixinho
pro Graeff não me escutar
ele é um grande cozinheiro
e também bom companheiro
mas a carne fica crua
mais feia que gorda nua
mas outra chance vou dar.

Vou dar-lhe uma nova chance
espero que não desmanche
o conceito já firmado
de um cabra acostumado
a enfrentar desafio
e é bem curto o seu pavio
por isso vive enrolado.

E tu, oh Tatu, sai da toca
larga logo essa minhoca
porque não vai adiantar
o Haaviti tá maneiro
ele não é caborteiro
na mão não vai nos deixar.

E assim vamos indo, cheios de amor febril, com muita brincadeira, muito respeito um pelo outro, num ambiente tão bom que melhor seria que não acabasse jamais. Mas a vida é assim mesmo, com chegadas e partidas, com vindas e despedidas, que nos partem o coração.

A todo momento me vêm rimas na cabeça e aquela vontade louca de escrever versos. Ainda que anárquicos, de pouca métrica e nenhuma regra. Aliás, faz dois meses que não obedeço a regras terráqueas dos urbanoides. Apenas aquelas a que me obrigam o Mar e o vento. E como os dois são volúveis, mudam a toda hora de opinião e de humor...

Já perdi a conta dos versos que escrevi e joguei no Mar, com emoção. Sentado ali no recanto contemplativo, só ele e eu sabemos o que continham. São testemunhas de nossa cumplicidade. Quem sabe, um outro dia, já no tempo da delicadeza, oculto e anônimo no porto do abrigo final, me venham à mente outra vez. Um tempo bom e tranquilo em que, no anonimato talvez, serei como a mensagem do náufrago, que ninguém sabe quem fez...

Quarta-feira, 06 de dezembro.

Coordenadas das 22 h-GMT de terça-feira: 18.07 N e 053.34 W.

Agora, é meia-noite no horário do sol. Vamos no rumo 287, com ventos fraquíssimos de cinco nós. Foi um dia de muito vento, de pouco vento e de nenhum vento. Como tem sido há varios dias, o que nos obriga a negociar o sério problema do diesel. Não queremos empacar sem combustível próximos à chegada. Podem surgir mais correntes, o trânsito de embarcações pode ter-se incrementado; é bom poupar algum para o final. Toda a região da Corrente Norte-equatorial do Atlântico está com o mesmo fenômeno: calmarias, ou ventos fracos, ou ventos fortes. Parece até aquela história de que, no futebol, se ganha, se perde ou se empata...

....

Depois do Bóris e do Nelson, veio o Alexandre Rosa. O Tande é o Stradivarius dos veleiros. Conhece e toca barcos como poucos. É um estudioso. Certamente não seria por nada que, com sua estatura bem longe de grande, fazia e desfazia dos grandalhões do *Madrugada*.

*Madrugada...*oh *Madrugada*, por onde andarás? Com quem andas, *Madrugada*? Quando cometeram a insensatez de me admitir na turma daquele maravilhoso veleiro, entrei de cabeça. Não sei outro jeito. Aprendi demais. O *Madrugada* era um estado de espírito; era o útero em que se abrigavam aqueles endoidecidos tripulantes da nave multi-campeã. Parece mentira que, sabendo, à época, pouca coisa de vela, cheguei a ser campeão brasileiro junto com eles.

Em função do *Madrugada*, quantas churrascadas fizemos na casa do Serjão. Era uma turma sadia, com uma só ideia: o grande barco campeão. O *Madrugada* era o elo que nos ligava a todos e que, de alguma forma, até hoje nos liga. Estávamos sempre juntos, unidos. Não é por nada que alguns dos maiores velejadores que conheço eram seus tripulantes, no tempo em que eu também era. O barco só podia mesmo ser dos mais premiados da história da vela de oceano. Que saudade...

Já conhecia o Tande antes de ser iniciado naquele time. Ele é o padrinho de um dos meus amores, o *Molecão*. Aliás, comprei-o por sua causa. Na verdade, eu estava prestes a adquirir *Talismã*, um Main 34, no qual, inclusive, corri uma regata Volta da Ilha de Florianópolis, exatamente para ver se gostava. Nisso, o Tande se atravessou. E eu vou dever esta para ele até o fim dos tempos.

Ele é um animal que veleja. Como, em um barco ele é diferente do que é em terra! É um *gentleman*, um cavalheiro, na acepção da palavra. No barco, ele se transforma: berra ordens, esbraveja, blasfema, sapateia no convés, reclama, xinga, diz horrores. E todos ficam do mesmo modo: calados e obedientes. Aquele feroz *trimmer* sabe o que está fazendo.

Naveguei diversas vezes com o Tandi. A mais memorável, para mim, foi quando, sob seu comando, levamos o *Madrugada* para Ilha Bela a fim de correr o Circuito da Ilha, a Regata Santos-Rio e, depois, a parte carioca do Campeonato Brasileiro. Passamos ele, o Tatu, o Joca e eu uma semana nesse percurso. Eu cozinhava para aqueles ogros e dava tanta risada do Joca contando seus causos que, às vezes, me sentia mal. Como agora, aqui, com esses alemãezinhos hilários.

O clímax ocorreu em uma de nossas escalas, Caixa d'Aço, da qual partimos debaixo d'água. Levantamos ferro rumo a Santos, fizemos a volta no morro e ... fomos para o outro lado, em Porto Belo. Para que andar por aí com chuva, não é mesmo? E lá ficamos mais uns dois ou três dias, com um dilúvio daqueles. E o Joca de plantão, o dia inteiro sentado dentro do barco, na frente do mastro, bebendo só mais um pouquinho. E dando risada.

Tandi, o padrinho do *Molecão*, é o cara que sai de quarto, desce, deita direto no chão, no paineiro mesmo, sem travesseiro nem nada, com a roupa do corpo, de papo para o ar, e imediatamente adormece. Parece que está morto. É o próprio Ramsés. Ao cabo de sua folga, simplesmente acorda por si, na mesmíssima posição imóvel em que adormecera, como se nada houvesse; levanta-se e está novinho em folha.

Quando comprei o *Molecão*, muitos queriam que eu trocasse o nome do barco. Imagina, *Molecão*. Isso é lá nome de barco? Onde é que já se viu um nome bagaceira desses que até depõe contra o próprio dono? Trouxeram-me uma lista com um número infindável de nomes; não lembro bem...Aí eu escolhi o nome definitivo: *Molecão*.

Veleiro não é uma coisa qualquer. Onde já se viu pensar que barco é como lancha, um produto da indústria automobilística que corre sobre a água? Lancha tem que ser emplacada e ter para-choque. E *guidon*: são automóveis aquáticos, nada mais. Com veleiro é diferente. Há que se respeitar sua personalidade: eles são gente como nós. Quando maltratados, vingam-se do que se faz com eles. Os velejadores ocasionais, de fim-de-semana, aqueles que jamais olham para seus barcos fora daqueles dias, sabem bem do que estou falando. O barco vinga-se da indiferença. Ele tem sentimento.

O barco é tão importante na vida do velejador que o médico do Laszlo proibiu-o de velejar, sozinho, no Ubá. O Laszo, imediatamente, resolveu o problema: trocou de médico...

....

Agora são 7 horas no horário do barco, a mesma de Porto Alegre (09h-GMT). É noite fechada. Faz dias que não vejo o velho Cruzeirão. Aliás, só o vi uma vez até agora, embora o procure todas as noites ali por baixo, próximo do horizonte. St. Martin está a 478 milhas à frente.

Estava há pouco sentado no recanto contemplativo, olhando para o céu, quando vi passar uma luz lá nas alturas. Satélite ou avião transcontinental? Fui ao GPS ver o rumo verdadeiro em que estávamos navegando. Assim, busquei a carta e verifiquei que a declinação magnética na área em que estamos é 15 W, com uma progressão anual de cinco minutos de grau – a carta é de 1992. Como a luz, em cima, marchava numa direção mais ou menos paralela à linha imaginária formada entre a alheta de boreste e algo entre o brandal e a bochecha de bombordo, pimba! Esse negócio está se deslocando no rumo aproximado de 210 graus. Pela distância que está de nós, acho que partiu da Europa para a América do Sul. Talvez seja o Paris-Rio da companhia...

Aí, parei de viajar. Se eu concluir, daqui desta vastidão, o que seja aquilo lá em cima e que saiu de tal lugar e vai para... aí sim: estou em surto outra vez. Mas que é bom brincar de navegar, lá isso é. Ainda mais para uma pessoa ocupadíssima e sem tempo, como eu aqui.

....

Antes de sair do segundo turno do dia, sentei-me no recanto contemplativo e, munido de GPS, fui aguardar o maior espetáculo da terra. Estava programado para iniciar às 09h 56min-GMT, pouco antes das 8 horas do horário local. Momentos antes, como que anunciando o espetáculo, o céu começou a alaranjar-se para as bandas do leste. De um determinado ponto do horizonte, saíam raios ao contrário, isto é, de baixo para cima. Riscavam de laranja e cinza as nuvens mais altas, formando um leque. A luminosidade crescia rapidamente como se um grande *timer* ali houvesse sido acionado.

De olho no horizonte e no cronômetro do GPS, que reproduz o preciso tempo solar, às 09h 56min 09seg surgiu o minúsculo ponto de fogo que em seguida inundaria todo o céu, impedindo, em breve, que eu, ofuscado, o fitasse diretamente. E aos poucos, como a própria inexorabilidade do tempo, lá estava ele, altaneiro e absoluto, a exibir toda a sua onipresença. No altar do grande Mar, o sol era *a hóstia incendiada na manhã transformada*.

Não por nada, as grandes comparações se fazem a partir do sol. Não por nada, o prepotente Luiz XIV dizia-se ser ele o próprio. E até mesmo os pobres de espírito, do alto de sua arrogância, tomam-no como paradigma. Querem que o mundo gire em torno deles. Jamais conseguirão.

Hora de chamar o Graeff para me substituir no "quarto do cachorro", como se diz na vida náutica. Não há como fazê-lo. O maior espetáculo da terra só acontece uma vez por dia e é muito pouco. Não posso perdê-lo. Para mim, a partir desta travessia, este passou a ser o turno da contemplação.

Aciono o GPS e lá está, em detalhes: 17.53.365 N e 054.46.155 W. Andamos a 6,92 nós. Se mantida essa velocidade, chegaríamos ao destino dentro de, precisamente, 78 horas e 11 minutos. Existe alguém por trás de toda essa imensa e precisa sinfonia.

....

O sol vai se pôr às 21h 07min-GMT, mais alguns minutos referentes a nossa singradura para o oeste. O dia está lindo. Já reservei a poltrona da alheta do boreste, o recanto contemplativo. O final é imperdível. Ainda bem que o meu coração é "de guri".

A tarde, devagarinho, já vai caindo e o vento amainando. Mas bastou eu entrar de manhã para tirar uma soneca, e o vento voltou. Os alemães içaram o balão e eis-nos, até agora, num balonaço para ninguém botar defeito. Simplesmente dos deuses.

Hoje até parece domingo: almoço na mesa, pernil de ovelha e um arroz soltinho como só o Graeff sabe fazer. Ficamos à mesa um pouco mais. O vento está torcendo lentamente para o sudeste. Além de indicar o início da curva da borda ocidental do grande arco, isso nos permite receber o vento mais orçado, acelerando a velocidade.

Depois, o dia virou segunda-feira: para variar, fui lavar a louça. O Tatu bem que começou a fazê-lo, mas eu tirei os pratos da mão dele e o corri porta a fora. Boa média com a chefia não faz mal para ninguém...

....

Pois em matéria de casas de espetáculos, sempre podem ocorrer problemas de acomodação, reservas. Eu havia reservado a poltrona nº 1 do recanto contemplativo para assistir ao segundo espetáculo do dia, o pôr-do-sol. Reserva feita, ninguém previu o que acabou acontecendo: da alheta de boreste, não se podia assistir ao grande evento. Nosso rumo era de cara para o sol (RM 258) e, nessas condições, a vela grande encobria totalmente a visão; somente da proa seria possível assistir ao programado.

Velejador não se aperta: peguei o GPS e o caderno de anotações, e lá me fui para a rede de proa. Queria conferir a precisão da mecânica celeste. A previsão, como havia dito, era para as 21h 07min GMT, naquelas coordenadas tomadas às 18 horas. Agora, seria para as 21h 08min. Assentei-me na "poltrona" reservada e cronometrei: conforme a previsão astronômica, o sol encostou sua extremidade inferior, no plano do Mar, às 21h 06min 17seg, precisamente; o derradeiro ponto visível de seu tope desapareceu, exatamente, às 21hs 08min 49segs.

Assim, mesmo considerando-se que havia algumas nuvens no horizonte que de certa forma confundiam a observação – e que esta foi feita a olho nu –, pude confirmar: o astro-rei levou exatos dois minutos e 32 segundos para ser engolido pelo Mar, contados desde o instante em que tocou no horizonte com sua parte inferior, até esconder-se totalmente. Sem palavras...

Estávamos a 392 milhas de St. Martin, nossa velocidade era de 7,7 nós. Nessa singradura, chegaríamos dentro de 76 horas e 37 minutos ao destino, um pouco mais, portanto, que a anterior tomada de tempo. Ah os números... Isso quase corresponde à distância entre Rio Grande e Florianópolis. Parece ser logo ali. Velejamos de balão o dia todo e a ideia é continuar assim. Cachorro ovelheiro...

O tempo está firme, o vento está muito bom e não deverá ocorrer variação sensível na direção do que está soprando. Como diz o Tatu, vai que é um tanque. Eu olho para ele, e fico pensando...

Tanque. É interessante o significado que certas palavras acabam tomando na linguagem comum. Como é curioso que, muitas delas, terminem consagrando-se com um sentido que nada tem a ver com sua origem. A palavra tanque é um dos casos. Em verdade, ela nasceu, no significado de arma de guerra, de um segredo militar, um código.

Os americanos haviam inventado o arame farpado para uso nas fazendas de gado do oeste, os *barbed wire*. Os alemães passaram a usá-lo como obstáculo intransponível, comparável às próprias fortalezas de terra. E com duas vantagens: era muitíssimo mais barato e rapidamente instalável. Além disso, não há infantaria que possa ultrapassar tal obstáculo. Daí a genial invenção de uma arma de guerra blindada, que corresse sobre lagartas de trator, para superar a moderna arma defensiva.

Para que não fosse descoberta a fabricação do blindado antes de sua utilização no campo de batalha, a contra-informação aliada espalhou a notícia de que a grande demanda de chapas de aço que entravam nas forjarias era para fabricação de tanques de combustível. Com isso, o segredo da futura arma estava preservado. O que estariam fabricando seriam tanques para armazenar combustível. Ninguém desconfiou.

Por isso o nome tanque (*tank*, no original inglês). Coisas da guerra que, felizmente, não temos.

Quinta-feira, 07 de dezembro.

Coordenadas das 22 h-GMT de quarta-feira: 17.42 N e 056.14 W.

Ontem matei a saudade de uma omelete, que há muito não comia. Como diria o José Paulo, *lá em casa nós só comemos "comidas leves"*. Estava demais. Pena que a dose foi pouca. O Tatu caprichou mesmo na qualidade: sensacional. A quantidade, um fracasso. No barco, come-se bem, sem problema algum, coisas que normalmente não se come em casa! Ora, omelete. E o colesterol, onde fica?

Pois aqui vamos nós, passada meia-noite, com muito bom vento, andando bonitaço. Estamos a 363 milhas do ponto plotado na carta próximo a St. Martin (18 N e 063 W). Acho que a média agora vai melhorar. Pudera, há três dias que não chegamos às 160 milhas de singradura. O vento tem variado demais. Ainda assim, ontem estivemos de balão o dia inteiro. E isso vai melhorar o nosso desempenho. O balão terminou sendo arriado às 21h 30min. Foi melhor; é mais tranquilo para todos.

Esses *way-points* de destino final que, normalmente, plotam-se nas cartas, são absolutamente arbitrários. Às vezes, variam algumas milhas. Mas isso não faz a menor diferença para quem começou a quase 3.000 milhas do referido ponto. Geralmente, escolhe-se um ponto com números fáceis de guardar na memória – números redondos, como se diz; no nosso caso, 18 e 063. Facilita-se, com isso, o cálculo de distâncias e rumos a toda hora. Sempre sabemos que distância aproximada nos separa do final. Com a aproximação do destino, porém, o *way-point* deve ser corrigido na carta de grande escala para, então sim, sabermos com precisão quanto falta para chegar e qual o preciso rumo que deveremos seguir. Coisas de navegação.

....

Depois dos meus três primeiros mestres velejadores, veio o Ralph Hennig. Não conheço pessoa da qual se possa dizer mais apropriadamente: este é do ramo. O Tatu nasceu para isso. Ele come, dorme, sonha, namora e vive a vela como ninguém. Conhece tudo de barco. O motor, o refrigerador, o freezer, o inversor, as luzes, as bombas disso e daquilo, as velas. Ele resolve qualquer *tilt*, como ele próprio chama as encrencas de um barco. É frio e calculista. Seu senso de orientação, aliado ao de responsabilidade, fazem do Tatu um dos mais completos velejadores que conheço.

Tenho por ele um carinho muito especial. Da primeira vez que entrei no Mar com o *Madrugada*, na altura do Porto Novo, em Rio Grande, o Tatu me entregou o timão daquele grande veleiro e eu passei pelos Molhes da Barra e entrei Mar adentro timoneando. Ainda hoje, essa é das melhores recordações que guardo da vela. Senti-me homenageado. E graças ao Tatu.

Depois disso, fizemos juntos inúmeras velejadas em regatas e em translados, culminando com a maior de todas: a travessia do Mar Oceano. Senti-me distinguido com o convite. Quando chegar em casa, vou escrever um artigo especial descrevendo quem é o Tatu. A travessia já terá passado e, assim, com distanciamento, poderei rever melhor tudo o que ocorreu. Título do artigo? *O comandante Ralph Hennig (Tatu).*

....

O quinto mestre da arte de navegar que me apareceu na vida veleira de competição e de cruzeiro foi o Marcelo Aron, o meu judeu preferido. Ele topa qualquer parada; basta duvidar. Talvez, por isso, a gente se dê tão bem...

Uma ocasião, em Ilha Bela, um dos monstros da galera do Madruga escondeu uma peça de roupa que o Marcelo ia usar para sair à noite. Procura daqui, procura dali e nada de achar a tal roupa. Mas ele notou que a turminha brava estava ali pelo *cockpit*, "só no bico", falando baixinho e tirando sarro. E o Marcelinho sacou o lance. Ah é? E foi calmamente até a proa do barco, sacou fora o tampão do hélice do log, escondeu-o, veio para fora e disse, na maior tranquilidade: se não aparecer a minha roupa, o barco vai afundar.

Todo mundo se olhou, incrédulo: esse cara está louco? Onde já se viu?... A coisa se inverteu: o Ogro – como é também conhecido – foi quem passou a tirar sarro de todos. O barco ia afundar, não teriam como correr o campeonato e, ainda, ia dar um bolo danado com o Serjão. E o barco ia enchendo d'água. E ele ainda desafiava: se o tampão voltasse para o lugar, que fosse logo, porque eles iam ter uma mão-de-obra danada para secar o barco e ele não iria ajudar; o barco ia ficar mais pesado, porque embebido internamente de muita água; o Tande iria comer o mastro, de tão furioso. Mas ele não tinha pressa alguma: que lindo é ver um barco enchendo d'água!

Agora, era o Marcelinho *monster* que tirava sarro porque sabia esperar e dizer que o primeiro milho é dos pintos, ninguém ganha antes do jogo acabar. Ele dizia, dando sinistras gargalhadas, que agora se tratava da vingança do judeu. Não deu outra: ele logo foi passear com a roupa que tanto procurara. E o resto da galera passou a noite toda secando o barco; haveria regata no outro dia. A vingança é um prato que se come frio...

Outra vez, apostaram que ele não comeria uma barata viva. Jamais aposte com o Marcelo Aron.

Aprendi um monte com o pardoca. A gente se entendeu bem, de cara. Foi amor à primeira vista. No primeiro minuto do ano passado, por exemplo, momentos depois da meia-noite do ano novo, recebi ligação de Fort Lauderdale: era ele me abraçando pelo ano novo que, naquele instante, estava começando. Fazia questão que fosse eu a primeira pessoa com quem falar. E que eu podia sempre contar com ele para qualquer parada, que era tudo com ele e assim por diante.

Até agora não sei o que ele quis dizer com aquilo de "contar comigo". Por que não foi mais explícito? O que seria? Havíamos conversado no aniversário do Manfredinho, no mês anterior. Teria acontecido alguma coisa entre 11 de novembro e 31 de dezembro de 1.999? Espero vir a saber daqui a poucos dias: o Ogro passa a temporada de furacões na Flórida, mas no primeiro semestre do ano ele circula pelo

Caribe. Vou falar com ele a semana que vem, pessoalmente. Teria alguém apostado que ele não é capaz de comer um rato?...

Do ponto de vista da atividade vélica, basta contar que o Marcelo estava no Charrua quando este, há uns vinte anos atrás, capotou em um furacão em pleno Atlântico Norte. Não morreu toda a turma do Jorge Northfleet, e o Marcelo junto, porque Deus não quis. Ele tinha uns quinze ou dezesseis anos e já andava por aí pelo mundo, em travessias oceânicas. É um velejador completo. Atualmente, trabalha como *skipper* profissional nos Estados Unidos e Caribe. Tomara que em julho, quando ele voltar, possamos nos reunir lá em casa para contar nossos "causos". Tomara que ele esteja em St. Martin, quando lá chegarmos. O Ogro não é gente; ele é uma máquina de velejar.

....

Por falar nessas tiradas geniais para situações injustamente desfavoráveis, que terminam por colocar o inferiorizado em situação posteriormente mais vantajosa, lembro a melhor de todas ocorrida com o Alaor Teixeira. Aquilo foi uma exemplar lição de que a vingança é mesmo um prato que se come frio.

Pois o Alaor é um sujeito genial. Tem uma das maiores inteligências que jamais vi. Aos 26 anos de idade, já era catedrático – que hoje corresponde ao professor titular – na Faculdade de Medicina da UFRGS. Quando era chefe de plantão do Hospital Pronto Socorro de Porto Alegre, ele foi atender uma urgência na Vila Esmeralda, em Viamão. Antes, ocorrera um grave acidente em Porto Alegre, com um ônibus, o que levou vários feridos ao Pronto Socorro para atendimento urgente. E o Alaor ficou operando acidentados até de madrugada, quando surgiu o chamado da Vila Esmeralda.

Fácil de imaginar, polido do jeito que é, ele simplesmente urrava pelos corredores do Pronto Socorro. *Mas o que é que estão pensando? Acham que a gente é máquina? Que não há risco em se atender mais pessoas, apesar do cansaço? Por que não colocam alguém na reserva? Cabe fazer-se uma cirurgia só por plantão e ir embora! O preço do pão aumentou de novo!...* Em síntese: ficou mais furioso do que o Tande, quando o balão não arma.

Ainda assim, o Alaor pegou a maleta, o estroboscópico, como ele chamava o estetoscópio, a maca e o motorista, botou tudo no pescoço e lá se foi.

Ao chegarem, bateram na porta e veio um mexicano atender. O Alaor já foi entrando, chamando o cidadão de Cantinflas, e se mandou direto para o quarto do casal. Lá encontrou a mulher do mexicano estática, de olhos fechados, só respirando. O Alaor examinou a senhora de todas as maneiras possíveis. Nada encontrou. E agora? Todas as funções vitais da mulher estão em perfeita ordem. Ele fez tudo que a medicina sabe, mas ela não voltou a si. Então, sapecou uma injeção de placebo na distinta. Psicologicamente, é o único remédio indicado nesses casos, até para dar uma satisfação à família apreensiva. Mas o Cantinflas queria saber o que era placebo e o Alaor respondeu que não era nada, era apenas uma combinação de uma substância plástica diluída em cebo: placebo. E foi-se embora, deixando o abacaxi como encontrou: desacordado.

Mal sai o Alaor na porta e irrompe, dentro da casa, uma gargalhada geral que dava para se ouvir em Gravataí. Era tudo um grande trote: os mexicanos haviam apostado quem levaria uma ambulância do Pronto Socorro Municipal de Porto Alegre até a Vila Esmeralda, em Viamão. E já era quase oito horas da manhã e o Alaor ainda não dormira. Estava exausto.

De modo análogo ao que ocorreu no caso do Marcelinho Ogro, os caras não sabiam com quem se estavam metendo. O Alaor esperou sem pressa, sabendo que só provisoriamente esse tipo de gente ganha alguma parada. Aliás, o erro de certas pessoas é pensarem que os outros não são de nada, são todos feitos a machado, e que não sabem esperar sua vez. Tudo isso, o Alaor pensando e esperando a festa da vitória terminar.

Vagarosamente e sem qualquer sinal visível de contrariedade, bem devagarinho mesmo, como os chineses, que matam no cansaço, lembrou-se ainda uma vez de que o tempo vinga-se das coisas que são feitas sem a sua colaboração. E que os verdadeiramente inteligentes não se podem precipitar, pensando que está tudo ganho, mas que tudo tem ida e também tem volta. Lembrou o cansaço e a noite que não dormira. E decidiu: aqueles camaradas iam passar os próximos seis ou sete dias também sem dormir. Tudo na santa paz. Como ele sempre diz, fazendo-se de morto para ganhar sapato novo...

Esperou longa e pacientemente aquela ruidosa alegria diminuir; aguardou se amainasse a gargalhada. Então, com a calma que só os loucos têm, voltou e bateu na porta. Veio o Mário Moreno, que antes o atendera. E então o Alaor disse que se esquecera de informar que o tal placebo pode resultar em terríveis convulsões, podendo, em meia-hora, levar o paciente à morte. Assim sendo, para evitar essa possibilidade, o Cantinflas teria que administrar à enferma senhora uma simples colherinha de chá de água da torneira com açúcar, de meia em meia-hora, durante os próximos seis dias, findos os quais, ela estaria completamente fora de perigo.

E lá se foi o Alaor, dando a mesma e sinistra gargalhada do Marcelinho. E certamente pensando que a vingança ...

....

A noite está divina. São seis horas da madrugada (08h-GMT). Do recanto contemplativo, miro o céu. Estando no rumo 300, olho por boreste, quase na proa, e vejo Sirius descrevendo sua trilha imutável. Um pouco mais à esquerda, está Touro, com o vértice para baixo, qual gigantesca seta, apontando o caminho do Mar do Caribe. Continuo: vejo Orion em sua majestade e, lá adiante, quase caindo dentro do Mar, pela segunda vez nesta travessia, o Cruzeiro do Sul.

Paro de olhar e penso na perda de tempo que é, às vezes, o adiamento indefinido de decisões a serem tomadas. Por falta de decisão, o homem joga fora sua existência facilmente. Eis a sabedoria desejável: saber esperar o tempo que for necessário; outras vezes, agir logo, para não perder tempo. Agora, resolvo não mais perder tempo. Hora de decidir.

Pois acabo de tomar uma decisão muito simples, quase ridícula, mas ao mesmo tempo emblemática por sua singeleza. A vida deve ser feita de coisas singelas. Mas tudo tende a mostrar, por si só, nosso entranhado comportamento reticente, quando se trata de mudar alguma coisa que precisa ser mudada. No meu caso, não contei só até três, como quer a canção; contei até dezesseis. Mesmo sem incluir a parte do Mediterrâneo, que foi terrível, nem a de Gibraltar às Canárias, bem melhor, durante os dezesseis últimos e penosos dias desta navegada, nada decidi.

Há dias eu reclamava da situação que vivia lá na ponte de ligação do barco entre os dois cascos. Eu era vítima de uma verdadeira ponte dos suspiros, como aquela do Palácio do Dodge, em Veneza. Com um agravante: nem a janelinha que aquela triste ponte tem, a minha ponte aqui possuía. Na janelinha de lá, passavam os prisioneiros que iam para a execução, para a morte. Era dali que viam, pela última vez, o mundo de fora. Daí a tétrica denominação: Ponte dos Suspiros. A ponte daqui, no entanto, é totalmente bloqueada, sem janelas, e recebe o impacto de toneladas d'água espirradas contra ela a todo instante. É a verdadeira Ponte dos Espirros.

Todo barco monocasco, quando se desloca em águas revoltas, balança para cima e para baixo e, com isso, joga água para os lados e para cima. A proa e a quilha rasgam a água, partem-na em dois, e essas duas metades separadas sobem pelos costados até caírem outra vez no Mar. Nos catamarãs, isso obviamente ocorre também, mas a água que o casco de bombordo joga por boreste e a que o casco de boreste joga por bombordo têm o mesmo endereço: explodem na ponte de ligação entre ambos. Essa batedeira é onde durmo. Ou melhor, dormia. Ou, melhor ainda, era onde me acordava a cada estrondo. De lá, eu retirava os motivos para lamentar a minha desdita, não percebendo que a solução estava logo ali, bem perto, logo abaixo.

Pois só nesta madrugada, às 04h 30min locais, faltando apenas 329 milhas de uma longa viagem de mais de 4.000 milhas, já quase consumada, a vítima decidiu não mais sofrer. Muni-me de patriótica coragem que só os bravos e fortes têm e, após tantos dias de tormento, tomei a mais importante decisão dos últimos tempos: fui dormir no chão.

Que maravilha! Lá estava eu agora, deitado no chão do corredor do camarote, dentro do casco de boreste, longe da insuportável ponte, com o corpo a apenas poucos centímetros da água que passa por fora do casco. Que felicidade! Como pude ser tão idiota esse tempo todo, suportando a pancadaria que me arrancava da cama e fazia com que me chocasse contra a parede? Quantas e quantas vezes fiquei maldizendo a sorte porque não cheguei antes dos alemães para ocupar um dos dois camarotes de popa! E quando estava fazendo estas lamúrias negativas e derrotistas, socorreu-me o velho e querido pensamento positivo. Lembrei da questão da diversidade de atitudes em face da mesma adversidade.

Pois é, peguei aquele limão azedo da Ponte dos Espirros, onde até baleia colide, e fiz uma linda e doce limonada. E disso recolhi, ainda, outra benéfica lição: o sacrifício foi bom porque enrijeceu ainda mais o meu coração marinheiro e o preparou para um percalço maior. Ainda uma terceira vantagem adicional: nos dias que restam, estarei aproveitando a maravilha da tecnologia moderna que é dormir no chão. Como diria o Fábio, *tamo rico*.

E eu até coloquei no chão um colchonete que é uma maravilha. Imagina que luxo: nem precisei dormir na madeira dura dos paineiros. A vida não é mesmo boa?

E tem mais: não há música melhor para os ouvidos que a das águas que passam pelo casco, cortadas pela quilha desde a proa. Que me desculpem se blasfemo mas, no barco, prefiro o idioma hídrico em lugar da Pastoral, dos Prelúdios, da Primavera ou da Polonaise nº 6, que tanto aprecio. Beethoven, Liszt, Vivaldi e Chopin, se fossem marinheiros, haveriam de pensar assim também.

Não há música mais harmoniosa do que o som do Mar. É por isso que, no *Molecão*, quando estamos velejando, a Magra e eu não ouvimos habitualmente música. Ou melhor, só escutamos a música das águas. E apesar de tagarelas, falamos mais com os ouvidos. Só escutamos o harmonioso idioma que os pilotos de *jet-ski* nem sabem que existe...

A partir de agora, estarei deitado a poucos centímetros da água singrada no costado do barco. Assim, estarei abaixo da linha d'água e não mais naquela torre da ponte maldita. Num barco, quanto mais próximo ao centro de gravidade, tanto melhor. Sei não, mas acho que, a partir de hoje, ninguém mais neste barco vai dormir na cama...

Desse modo, nas novas e moderníssimas instalações, estarei como estava no velho Madruga de guerra em que, depois de um turno de vigília, descia até seu ventre acolhedor, exausto, molhado e com frio. Além de não ter piloto automático, o grande barco de regata não possuía qualquer tipo de proteção contra as intempéries. Era espartano, feito para espartanos. Tínhamos que timoneá-lo ao ar livre, no frio e na chuva, mesmo que estivesse caindo um dilúvio dos céus. E quando voltava para dentro, tirava toda a roupa molhada e me deitava nú sobre qualquer vela ali atirada e certamente molhada também. E me aquecia na doce e quente caixa do motor. Ali eu dormia, ali me aquecia, ali mesmo, vezes sem conta, eu comia. No chão.

Velho Madruga guerreiro
por onde andarás?
Velho e bom companheiro,
que falta ele faz...

Fazem-nos bem as reminiscências. Muito bem. Mostram-nos como a vida sempre foi boa. Tudo é uma questão de atitude, de posicionamento frente a ela. A situação terrivelmente desconfortável que todos vivíamos no *Madrugada*, por ser um desafio, impelia-nos à frente; já conhecíamos os nossos limites e sabíamos que havia, ainda, mais algum passo para dar. Essa, talvez, tenha sido a maior lição que recolhi daqueles endoidecidos velejadores de que tenho falado: o desassombro, a coragem, a obstinação, a força moral da fé e da honra sem preço...

Esses velejadores são mais do que homens; são marinheiros. Não porque sejam mais fortes mas, precisamente, porque conhecem suas fraquezas, seus limites. Sabem até onde podem ir. E vão. Sua simplicidade é, para muitos, constrangedora. Quantos churrascos lhes preparei em Ilha Bela, usando apenas e literalmente um garfo, uma faca e um cepo de madeira para que cada um pegasse, com a mão, os pedaços de carne devorados com prazer. Quão genuína era nossa camaradagem e nossa simplicidade de assar a carne e comê-la sem talheres.

Conhece-te a ti mesmo, dizia o grande filósofo. Quantas pessoas conhecem seus limites? Para que? Para que quando o vendaval da vida as chicotear com o açoite da desgraça, saibam, com segurança, que podem resistir. E poderão, até, encontrar forças para dar a mão a quem delas precise. Não se trata de querer exibir-se para os outros. Isso é argumento dos fracos, dos débeis, que nem sequer têm coragem de conhecer seus limites. Sabem, de antemão, que são muito estreitos. Isso é argumento dos intolerantes, porque não suportam que alguém os supere. Esse é o argumento dos abstêmios de verdade, porque já se habituaram com a mentira. Conhece-te a ti mesmo, eis a questão.

....

São 08h 05min, hora do sol. Estou tomado de uma insônia febril e tenho que ir ali fora: há um princípio de incêndio para os lados do leste. Ele está marcado para irromper daqui a exatos três minutos. Embora ocorrendo todos os dias, jamais é igual a outro qualquer; nem mesmo ao do dia anterior.

....

Parece que nossas preces foram ouvidas. São dez horas da noite e desde ontem estamos velejando com ótimos ventos, de balão durante o dia e asa-de-pombo à noite. O Mar – de vez em quando mais furioso, outras vezes menos – vai propiciando, de par com o vento, uma grande navegada. Escrevo quando posso.

O espetáculo do alvorecer de hoje foi fantástico, indescritível. O da tarde, porém, ficou um tanto prejudicado porque o palco não foi totalmente aberto. Mas ao menos aconteceu, como de hábito, pontualmente. Às 21h 01min o sol desapareceu. Algumas cortinas foram mantidas fechadas. A velha locomotiva de guerra voltou com força, soltando seus chumaços de fumaça em forma de alvas nuvens, anunciando os tão desejados ventos. Com isso, o horizonte não se abriu totalmente, razão pela qual imagino que não veremos o Cruzeiro do Sul, como ontem vimos.

O mundo mostra-nos a toda hora – é só estar atento para o ler – que nem sempre tudo pode ser alcançado como a gente gostaria. Queríamos vento; o vento esta aí. Ocorre que, por irmos em frente como um carro de combate vai, chegaremos ao destino sem, antes, apreciar um dos mais lindos fenômenos da natureza, quando se está no Mar, sem terra à vista. É a notável oposição entre o pôr-do-sol e o surgimento da lua cheia, que ocorrerá na próxima segunda-feira. Por muito pouco, vamos perder esse fenômeno indescritível: no levante, a enorme lua surgindo aos poucos, qual bola alva de algodão; no lado oposto, no poente, o imenso astro-rei mergulhando no Mar Oceano, do qual só ressurgirá no dia seguinte. Entre eles, como verdadeiro elo, o Mar. Que lástima perder o espetáculo.

A sexta máquina de velejar que conheci, e com a qual fui para o Mar, chama-se Norton Aertz. Pelo nome que deu ao próprio barco, já se pode ver de quem se trata: *Fandango*. Poucas pessoas podem ser mais alegres do que o Norton. Sua alma-criança de homem bom faz desse grande velejador um dos sujeitos mais benquistos, esteja onde estiver. Ele tem carisma: prende as pessoas e as fascina com seu jeitão esbodegado e franco.

Velejei muito com ele a bordo do velho *Madrugada*. Campeonatos, regatas, translados. Aprendi com o mestre, indo e vindo de Floripa. Certa feita, entreguei-lhe o *Molecão* e lá ficou ele, em Santa Catarina, com sua turminha, curtindo o barco por um bom pedaço do verão. Sentiu-se em casa, tenho certeza, sentiu-se dono. Ele era o dono e estava em casa.

No Circuito de Ilha Bela, ele era o parceiro do Marcelo para limpeza e manutenção geral do Madruga. Bebia todas, dormia tarde, mas no dia seguinte lá estava, antes das cinco horas da manhã, mergulhando. Os dois examinavam o casco do grande veleiro, encarregando-se de colocá-lo em condições para a regata do dia. Eles eram os anjos da guarda do *Madrugada*.

Lembro-me com especial carinho do translado do *Madrugada francês* (barco alugado na França para correr, com o nome do velho guerreiro, a Copa do Rei de Espanha), do Golfo de Lion para as Ilhas Baleares, já antes mencionado. Não houve Cristo que fizesse o Norton entender que já não havia mais lugar na tripulação. Eu resolvera ir mais tarde para lá; já estava tudo planejado quando cheguei. O Norton não se conformava: não queria fazer o translado se eu não fosse junto. E não iria mesmo. E lá fomos nós, superlotados, mas com uma tripulação que era uma festa só, mesmo afrontando o velho costume de que, em translado, o máximo são quatro tripulantes. Mas se eu não fosse, aquele outro Ogro também não iria. Irmão; irmão do peito.

Certa feita, a bordo do *Molecão*, voltávamos de Floripa numa endoidecida empopada em asa-de-pombo, com um sulão daqueles que a Lagoa dos Patos tem. Estávamos velados demais. Eu já experimentara, anos antes, com o Joca e o Luciano Ademir, o infortúnio dessas condições quando, na costa catarinense, explodiu o garlindéu do *Molecão* num jaibe involuntário. Estávamos, naquela ocasião, em asa-de-pombo, com burro de borda e vento em demasia. Com pano em demasia também. Tudo como agora. Por pouco não quebramos o mastro o que, entretanto, viria a ocorrer anos depois.

Pois agora vínhamos o Norton, o Moeller, o Carpeta e eu. Na ocasião, eu timoneava embevecido e, ao mesmo tempo, receoso quando, na altura do farolete de Rio Negro, perdi o leme. O barco perdera a doma, como se diz. Rebentara o cabo de aço do timão que liga o quadrante ao leme. Estávamos à deriva e, perigosamente, em asa-de-pombo. Se o barco fosse para um lado, poderíamos enfiar n'água o pau da genoa; se fosse para o outro, era a retranca que poderia submergir. Em qualquer caso, consequências imprevisíveis e extremamente perigosas.

Gritei que perdera o curso. O Norton veio como louco e deu um puxão na roda de leme com tal violência que me atirou na braçola. Queria repor o barco no rumo para evitar o perigoso jaibe. Inútil esforço. Como eu dissera aos berros, não havia leme. O importante era que todos se abaixassem para evitar qualquer tragédia. Até ali, o comandante era eu; ali, automaticamente, deixei de ser.

Quando essas máquinas estão embarcadas, são como um tigre que fica quieto, parecendo indiferente. Mas quando são provocadas, como que despertam do sono letárgico, enrigessem os músculos, retesam o corpo e lançam-se sobre a presa de forma aniquiladora e voraz. Foi o que o Norton fez.

Com uma velocidade e uma calma jamais suspeitadas, manobrou as velas, dizendo a todos que se abaixassem no *cockpit*, que ficassem imóveis, que não fizessem absolutamente nada, porque o barco em breve iria parar e ficar de lado para a onda. E que, então, não haveria nem retranca nem pau na água; e nós, depois de tudo, simplesmente iríamos embora com a cana-de-fortuna.

Foi o que ocorreu. A segurança da autoridade; a serenidade de quem sabe; a maturidade de quem conhece. O Norton é tudo isso. Ele é uma máquina de velejar...

Sexta-feira, 08 de dezembro.

Coordenadas das 22h-GMT de quinta-feira: 17.39 N e 059.03 W.

Meia-noite. No horário GMT, são duas horas da madrugada. Embora eu não seja de guardar datas, lembro que hoje é aniversário de um velho amigo, o Lauro Balle, a quem não vejo há séculos. Este também é o mês da Andrea, da Amanda, do Alexandre, do Felipe (todos eles Amorim) e do irmão que adotei Mauro Pinto Marques. É o meu também.

Vamos aqui no rumo 290, com ventaço de leste e voando baixo, faltando, precisamente, 201 milhas para St. Martin. Com todo o zigue-zague que nos obrigamos a fazer nas últimas 24 horas, nossa singradura, em linha reta, foi de 163 milhas.

Aqui estou, no turno do início do dia, mais uma vez, talvez a penúltima, já sentindo um aperto no peito pela irremediável e próxima despedida. Está chovendo. Chove lá fora e já chove aqui dentro a chuva da saudade.

Oh, o Mar. Só é possível entendê-lo, estando nele; só se pode absorvê-lo, ao singrá-lo; só se pode ouvi-lo, nele adentrando. *Quem foi ao Mar e voltou, nunca mais será o mesmo.* Nem mesmo aquele que se era quando do retorno da vez anterior. Nem mesmo aquele que a gente pensava ser depois de nele haver estado pela vez primeira; ou pela derradeira.

Como é belo o cancioneiro quando diz que *mesmo que mandem em garrafas mensagens por todo o Mar, meu coração tropical partirá esse gelo e irá. Como as garrafas de náufrago... Vou procurar o Mar, me arrastar até o Mar, vou buscar o Mar.* Oh, sedução! O que há de tão hipnótico nesse ser raro que a todos enfeitiça? O que faz de todos seus vassalos?

Muito tenho aprendido nessas coisas de velejar. Tenho vivido para isso. Aqui será minha última morada: o porto do abrigo final, no barco e no Mar.

Certa vez, levei a Magra para conhecer o *Madrugada*, de que tanto ela ouvia falar. Vi que ela ficou embaraçada no momento de entrar naquele templo. Entramos em silêncio, como se entra nos lugares sagrados. A Magra desceu as escadas, entrou na cabine, sentou a um canto e contemplou longamente aquele vazio que, além de velas pelo chão e despojadas macas penduradas nas paredes, só tinha mesmo a pia e o pequeno fogão onde matávamos a fome do corpo.

Foi um longo e respeitoso silêncio. Quebrou-o a Magra quando disse: *isso aqui é um útero*. A partir dali, nunca mais fui a uma só reunião da turma do *Madrugada* sem levá-la comigo. E passamos a comer churrasco com as mãos. Do fundo de sua sensibilidade de artista, ela sentiu tudo e com maestria resumiu o que o velho Madruga era para todos nós: o útero. O útero do qual mais adiante seríamos todos abortados porque o tempo heroico acabou; tudo acaba. Menos a memória e a fé. E a saudade. E ao Madruga dissemos todos adeus, sem comparecer, embora, à sua despedida. Nem sei quando foi. Ninguém me avisou que havia sido mandado adiante.

Às vezes me dizem que devo mandar o *Molecão* embora; que ele não tem calado para o Rio Guaíba; que eu aproveitaria melhor esse jeito maluco de andar por aí, de fazer as travessuras marinheiras que faço, se tivesse um barco com menos calado.

Ora, o *Molecão* tinha dois metros de calado, eu lhe cortei as pernas e ele ficou com pouco mais de metro e meio. Dei-lhe, porém, um par de pantufas – os bulbos de chumbo para compensarem o peso retirado com a tosa. E aí está ele. Como, simplesmente, mandá-lo embora? Como? Não sabem que barco tem alma? Não sabem que barco sente? Sente a falta, a indiferença, o descuido, o desprezo da gente. Então, querem que eu me desfaça deste raro caso de amor, como se o *Molecão* fosse uma coisa?

Não quero repetir a história do velho Madruga cansado de guerra. Será o bastante o fato de que uma alma bendita – o louco do Biriba, certamente –, como última homenagem ao velho guerreiro, mandou colocar lá no Clube um quadro de azulejos com a foto do grande barco? Será que basta estarem lá os nomes dos quinze afortunados que tripularam aquela máquina de velocidade ao longo de sua senda de vitórias? E bastará o fato de que estamos todos nós arrolados como integrantes daquele inigualável grupo? Isso basta? A mim, não basta. Aquilo mais parece uma tumba, representando restos mortais. Recuso-me a viver, com o *Molecão*, outra tragédia igual a essa. Não estou aí para *arrumar o quarto do filho que já morreu.*

Não é que o Molecão seja meu
Eu é que sou do Molecão
E ele vai comigo até o fim
Jamais sentirei falta dele
Ele sentirá falta de mim...

....

Agora, são sete horas da manhã. O barco está voando para o porto final. Estamos a 154 milhas do destino. O Mar bravio urra furioso lá fora e o vento, uivando um lamento de despedida, nos empurra resoluto para a frente. O grande vai rizado e a genoa semi-aberta. A velocidade alcança 11 nós e o vento aparente vai a 25. São os indesejados 35 nós verdadeiros. As rajadas são muito mais que isso. Venta para valer.

Antes, no meu primeiro quarto da madrugada, quando vim para cima, senti o barco meio solto, velado demais. Barcos velados demais lembram-me o garlindéu do *Molecão*. Não gosto disso. Reduzi pano, enrolando toda a genoa. O barco seguiu voando. Quando subi para o segundo quarto do dia, o grande estava rizado e vamos outra vez com a genoa meio aberta. O Tatu rizara o grande; eu recolhera a genoa. O Tatu fez o que era certo; eu fiz o que me foi possível.

Cada um dá o que tem, porque conhece os limites de sua capacidade. O marinheiro tem que conhecer a si mesmo. Do contrário, ele não navega.

Cai outra vez uma chuva miuda, prenúncio de despedida. Nos últimos dias, o *Haaviti* parece com pressa; tem andado mais veloz, mais esperto. O vento sopra forte. O Mar ruge feroz e aumenta seus já enormes vagalhões. O barco surfa neles ligeiro. Há uma cumplicidade geral para abreviar a irremediável chegada, para que termine logo a tortura da despedida.

....

Agora são 14 horas no barco, o mesmo horário do Brasil. Estamos a 106 milhas do ponto programado. Nosso rumo magnético (RM) é 286, os ventos sobram leste-sudeste (ESE). O dia é lindo, o céu está aberto e a velha e querida locomotiva vai soltando lá no céu seus rolos brancos de vapor. Avisa-nos que os ventos fortes vão continuar. Vai que é um tanque... Não lembro mais há quantos dias não ligamos o motor. Ironicamente, temos combustível de sobra.

Acho que nossa distância para entrarmos em Simpsom Bay Lagoon, St. Martin, é mais ou menos a mesma do Bojuru ou da Barra Falsa até Porto Alegre, um pouco mais, um pouco menos. Saudades...

....

O sétimo grande velejador com quem estive no Mar em grandes navegadas chama-se Carlos Altmayer Gonçalves, o Manotaço. Nossa relação ficou mais estreita a partir de um episódio ocorrido quando ambos integrávamos o Conselho Deliberativo do Veleiros do Sul. Em todas as eleições para Presidente do Conselho, este era escolhido por unanimidade, embora a votação fosse secreta. Para Secretário, no entanto, sempre havia um único voto discordante, fosse quem fosse e por melhor que fosse o candidato da chapa única. Era para o Manota. Minha teimosa e isolada posição tinha um motivo superior. O voto era de protesto, voto de desagravo.

O Manota não pertence aos ungidos membros do grupo dos cruzeiristas, ao qual eu pertenço. E ele é um dos maiores cruzeiristas que conheço. Talvez, no Clube, o Henrique Ilha, o Geraldo Knipling e o Joel Rosa conheçam a Lagoa dos Patos como o Manota. Mais ninguém. Então, por que não considerá-lo também cruzeirista? Meu desejo era, pois, fazer justiça indiretamente, bem como, aliás, não se deve fazer justiça. Mas era uma forma de reparar o absurdo de se discriminar alguém porque é franco demais ou porque não é simpático a todos.

Faz pouco tempo que nos aproximamos ainda mais um do outro. Foi a partir, exatamente, do *Maravida*, tão velejado pelo Manota que ele até construiu o novo mastro para aquele "navio". Guardo dele a imensa habilidade marinheira, o notável conhecimento de manobras, a indiscutível autoridade com que fala das coisas náuticas.

Alguns anos atrás, o *Barba Negra*, o *Rumo III* e o *Molecão* retornavam de um feriadão na Barra Falsa do Bojuru, lá para os confins meridionais da Lagoa dos Patos. Paramos no Cristóvão Pereira para um refrescante banho de Lagoa e uma rápida visita ao belo farol, que está ruindo em virtude do deterioramento de suas fundações. Era um dia de Lagoa espelhada.

Quando retomamos a navegada, entrou um sudeste esperto e muito forte. Passei o timão para a Magra e fui recolher um cabo a sotavento, que se arrastava na água. Ouviu-se um estrondo. Mecanicamente, olhei para a popa para ver passar o tronco em que teríamos batido. Nada. Retornei imediatamente para próximo do leme e o mundo desabou. Com um segundo e sinistro estrondo, o mastro veio abaixo, carregando consigo o enorme velame, o radar, a antena de rádio, a estação de vento e todo o resto. No primeiro estrondo, partira-se o tirante interno que prende os estais laterais no cavername e a base dos estais ficou presa no convés. No segundo estrondo, não resistindo sozinho àquela tremenda pressão, o convés explodiu, liberando os brandais.

O mastro caíra, precisamente, no mesmo local em que, segundos antes, eu fora recolher o cabo que se arrastava n'água. Senti um calafrio. Mas o instinto de preservação da vida é algo para ser explicado: imediatamente, lembrei a grande lição aprendida com o Norton na mesma Lagoa. E, com a maior calma do mundo, friamente, calculadamente, disse à Magra que largasse o timão, sentasse e não fizesse nada. Vamos aguardar; o *Molecão* sabe o que faz. O mastro, do tipo passante, partira-se cerca de um metro acima da enora, mas não se dividira em dois pedaços. A parte superior, com todo o rig e o velame, ficara parcialmente caída dentro d'água. O pedaço do mastro que restara na cabine, apoiado na quilha, poderia bater no fundo do barco e furar o casco. Afundaríamos. Jogava muito, o forte vento já formara ondas.

Foi um suceder de cronométricos fenômenos que jamais esquecerei. O *Molecão* virou um compasso: girou sozinho 180 graus em torno do mastro e deslocou-se até posicionar-se a sotavento do mesmo. Em outras palavras, barco e mastro trocaram de posição eis que, quando quebrara, o mastro obviamente caíra por sotavento. A partir daí o *Molecão* começou a rebocar toda aquela traquitanda, como se nada houvesse ocorrido. Natural e lentamente, o barco foi-se deslocando no abatimento que atende a ventos e correntes. Nada poderia ser mais estável, seguro. Não mais havia possibilidade do mastro submerso perfurar o casco, simplesmente porque o barco não atropelaria a mastreação afundada: ele a puxava por sotavento.

Eu fora operado do nariz dias antes e nem poderia estar velejando. Por isso, simplesmente não fiz mais nada. O Manota e o Eduardo Soeiro, que é um animal de tão forte, retiraram todo o equipamento d'água e salvaram tudo na bem executada e difícil manobra. Antes deles chegarem, pensei em cortar os brandais e tudo mais, amarrar um colete salva-vidas no estaiamento para marcar no GPS o local do ocorrido e jogar tudo fora. Operado, eu não poderia fazer muito mais do que isso.

Era fantástico; era incrível, tanto quanto incrível era a tranquilidade da Magra. Ainda que sem a dupla causa para tal, ela tinha confiança no *Molecão*, nosso velho guerreiro vermelho, e no seu comandante. Mal sabia ela que eu, simplesmente, lembrara do Norton naquela ocorrência, não muito longe dali, próxima ao farolete do Rio Negro, há alguns anos.

E lá se foi o *Molecão*, tristemente sem mastro, mas com velas e rig amarrados no convés. Do jeito que dava. E quando ancoramos no porto do Barquinho, o Beto Frischman teve que mergulhar para retirar um cabo da âncora de popa que se enroscara no hélice. Depois disso, o próprio Manota renovou o mastro e o tirante rebentado, trocou um único brandal que precisou ser cortado e nunca mais o *Molecão* terá problemas de mastro. O Manota entende um monte de socorro naval. É como o Joel Rosa, também velho marujo de tantos e tantos salvamentos na Lagoa que até já não se sabe quanta gente o "das rosas" buscou por esses confins.

Mas como o Manota é o sujeito mais cabeça dura e teimoso que existe, trocou os tirantes de sustentação dos estais de força do *Molecão* por varões de ¾ de polegada e não de uma polegada, como eu queria. Ele decidira ¾ e pronto. Ele é que entende, eu não sei de nada, tem que ser ¾ por causa do quadrado do redondo dos arquejos e não sei mais o quê. Assim é o Manota.

....

Fiquei hoje pensando: mas, e esses caras como o Manfredinho e o José Paulo? Eles são tidos como dos melhores proeiros do Brasil. Para quem não sabe, proeiro não é um velejador qualquer; é como centroavante, profissão diferente de jogador de futebol. Proeiro é proeiro. E só. Há, também, os grandes timoneiros como o Cavalli, o Dodão, o Nelson Piccolo, o Xandi, o Bochecha e alguns outros. Mas eu não tinha que falar neles?

Não tinha, não. Por incrível que pareça, eu nunca velejei com o Zé Paulo, ou com o Bochecha, ou com o Xandi. Nem com o Piccolo e o Dodão. Com o Cavalli, jamais fiz translados. Com o Manfredinho, já perdi a conta de translados e regatas em que estivemos juntos, mas – e isso também é incrível – o comandante nessas ocasiões nunca foi ele. Parece mentira.

Ora, esses e outros grandes velejadores não se enquadram no tríplice critério por mim escolhido para homenagear as máquinas de velejar: que comandassem barcos em que eu estivesse, no Mar, em regatas e em translados. Então, eles ficam para o próximo livro...

Sábado, 09 de dezembro.

Coordenadas das 22h-GMT de sexta-feira: 17.55 N e 061.55 W.

Eis, provavelmente, o último dia sem ver terra. Desde Gran Canaria é só céu e água. Dia e noite, céu e água. Estamos agora surfando enormes ondas a 12 nós, num Mar infernal, com a forra no primeiro rizo, ventos outra vez fortíssimos de sudeste. Ontem, vi no *log* o maior número que jamais vira em tempo algum: 15.1 nós de velocidade. Tremia tudo, trepidava todo o barco, vibrava até a alma do grande *Haaviti*. É impressionante como ele suporta as terríveis forças que sobre ele se abatem. Os estrondos na ponte são aterradores, o barulho é ensurdecedor. O barco sacode nas ondas e não há como ficar de pé. Este é um barco marinheiro; de verdade.

Estamos a 46 milhas de St. Martin. Mas, dentro de mais duas horas vamos dar o jaibe e arribar para St. Barthelemy, cerca de 10 milhas antes. Deveremos aguardar, ali, até o fim da tarde, a abertura da ponte que nos propiciará entrar no destino final, Simpsom Bay Lagoon, Ilha de St. Martin. Sint Maarten, para os holandeses.

6
O PORTO DO ABRIGO FINAL

Gustavia, St. Barthelemy, Mar do Caribe, 09 de dezembro de 2.000.

Eram quatro horas de uma madrugada escura e chuvosa quando chegamos aqui. Pelo nome do pequeno porto, lembrei-me do Gustavo, querido sobrinho. Nossa posição, desde a ancoragem, é 17.53.969 N e 062.51.373 W. O sol surgiria às 08h 30min-GMT, mas já não o poderíamos ver. A montanha se interpõe entre ele e nós. Estamos ancorados, presos outra vez em terra pelo ferro que se enfiou chão adentro lá nas entranhas desta baía onde cedo aportamos. Já não temos mais o alto-Mar.

Fundeamos a apenas 10 milhas de St. Martin. Até aqui, navegamos sem parar, dia e noite, 2.884 milhas náuticas (5.341 quilômetros), desde Las Palmas de Gran Canaria, de onde partimos no dia 21 do mês passado. De Oceano Atlântico, desde que cruzamos o Estreito de Gibraltar, foram 3.586 milhas (6.641 km). Se adicionadas às 459 milhas do Mediterrâneo (850 km), terão sido 4.085 milhas (7.565 km).

Para variar, entramos aqui na escuridão da noite. Depois, pela manhã, saímos para dar uma caminhada por St. Barthelemy. Em virtude de haver passado tanto tempo balançando, pensei que sairia cambaleando quando pisasse em terra. Seria a readaptação do labirinto ao piso firme. Nada senti. Vezes há em que o fenômeno demora algumas horas para ocorrer; outras, nem ocorre.

Caminhamos ao longo das estreitas ruas apinhadas de turistas. Não gostei. Assisti ao movimento de gente, de carros, de motos, de lojas; tudo o que não via há tanto tempo. Estranhei. No Mar, não existe isso; não existem esses cheiros. No Mar, não há ruídos. Só os barulhos do Mar e do vento; e nem são barulhos. São arrulhos, estranhos sons noturnos que às vezes pareciam vir diretamente debaixo do barco. Murmúrios, gemidos, às vezes, e outras, longínquos sons de cordas. Vezes outras, pareciam uivos; ou sussurros. Não sei o que poderiam ser, mas sei que eram os seres do misterioso Mar. Lamentos estranhos, uivos estranhos. Não sei o que eram, mas eram. E ali estavam.

É curiosa e tocante a constatação de que já não estamos mais velejando rumo ao oeste. Nossa marcha terminou. Sinto um certo amargor em ver concluída a travessia, mas ao mesmo tempo um doce sabor de vitória por tê-la cumprido. Concluí-la e cumpri-la, dois sentimentos, duas constatações. Conclui-se a travessia com dor e nostalgia; cumpre-se o percurso com vitoriosa alegria. São, de qualquer sorte, duas sensações, dois conceitos temporais. Duas diferentes formas de se ver o mesmo fato: a experiência de viajar por dentro.

O tempo foi nosso grande aliado; não tivemos pressa e nem perdemos tempo. Não tivemos contratempo. Não adiamos decisões, nem precipitamos acontecimentos. O tempo foi nosso grande aliado; tudo foi feito com sua colaboração. Haverá uma outra vez? O próprio tempo é quem dirá. Não vivo o futuro, vivo agora.

Vou sem pressa, sem temor, sem apreensões. Não há o que temer, nem mesmo a inexorabilidade do tempo. Ela é imutável e, por isso, vivo-a assim. Vivo a aceitação que só a perfeita compreensão dá. É algo que eu não posso mudar. Como alguém já disse, se é verdade que preciso de forças para mudar as coisas que devem ser mudadas, preciso igualmente de serenidade para aceitar as que são e estão. E sobretudo, sabedoria para perceber a diferença. Há coisas que eu não posso mudar e o tempo da razão me trouxe serenidade para sabê-lo.

Estou sereno, estou feliz. Cruzando o Mar Oceano, acabei de fazer o que eu sempre quis.

Por isso, reescrevo, aqui ancorado, o que o Mar me segredou, enquanto nele navegava:

Quando o amanhã vier
E eu já então não puder
Fazer o que agora faço
Espero que a têmpera de aço
Do meu coração marinheiro
Me indique o rumo certeiro
Do porto do abrigo final
Onde nenhum vendaval
Jamais terá sua vez
E no anonimato, talvez,
Serei como a mensagem do náufrago
Que ninguém sabe quem fez...

Em seguida, sairemos com o *Haaviti* para o curto trajeto até o porto do abrigo final. Ao aportar, anotarei 18.02.036 N e 063.05.353 W. Será o último fundeio. E nada mais restará para ser dito.

GLOSSÁRIO DE TERMOS NÁUTICOS

Abatimento – desvio que a embarcação sofre de seu rumo programado em decorrência de ventos, correntes e ondas. Ao avanço, adiciona-se um movimento de escorregar para o lado.

Adriça – cabo usado para içar qualquer tipo de vela.

Alcançado – luz branca posta na popa das embarcações.

Alheta – região entre o espelho de popa e o costado do barco.

Amantilho – cabo que tem uma de suas extremidades amarrada no tope do mastro, ou próximo dele, e que serve para sustentar a retranca, ou o pau da vela de proa e do balão.

Amarra – qualquer cabo que tenha por função prender o barco, seja em *pier*, em trapiche, a contrabordo de outra embarcação etc.

Aparelho – conjunto formado pelo mastro e demais elementos que o sustentam, tais como os estais e os brandais, ou estais de força.

Armação – é a forma pela qual as velas são arranjadas no mastro. Se a vela de avante for fixada no tope do mastro, diz-se-a armação ao tope; se for fixada abaixo do tope, chama-se-a armação fracionada.

Arriar – descer a vela ou qualquer outro componente do barco.

Arribar – manobra que visa afastar a proa do barco da direção do vento. Opõe-se a orçar. O vocábulo também é usado para a situação em que o barco segue para um rumo diferente do antes programado, levando-o a destino diferente do que o anteriormente pretendido.

Asa-de-pombo – posição das velas em que uma delas é fixada por bombordo e a outra por boreste, nas navegadas de popa.

Avante – parte frontal do barco.

Balão – vela içada na proa, usada nos ventos em popa, que incrementa fortemente a velocidade do barco. Geralmente é colorida e tem a feição de um balão.

Balão assimétrico – usado especialmente nos catamarãs, mas não exclusivamente, em que uma das valumas é maior que a outra. Nos barcos monocascos, é uma vela bastante recomendada em ventos de través.

Barlavento – lado de onde o vento sopra. Opõe-se a sotavento. Se estou, por exemplo, de frente para o vento, minha face, em relação a meu corpo, está a barlavento; minha nuca está a sotavento.

Bochecha – parte frontal do costado da embarcação, próximo ao bico de proa.

Borda – parte superior do costado.

Brandais – cabos laterais que sustentam o mastro e que se prendem neste e no convés.

Burro – qualquer cabo que tenha por função puxar para baixo a retranca ou o pau. Daí as denominações de burro-do-pau ou burro-do-grande (ou da retranca).Opõe-se ao amantilho.

Cabo – designação genérica das cordas usadas no barco.

Caçar – ato de puxar para si qualquer cabo, notadamente as escotas do velame, quando se tratar de distender mais a vela a que estiverem aquelas presas.

Calado – profundidade da água que permite ao barco flutuar livremente. Distância desde a linha da água até a extremidade inferior do barco.

Cambar – virar de bordo quando navegando em contravento, ou seja, recebendo vento pela proa. Opõe-se a jaibe.

Cana-de-fortuna – haste de madeira, ou metálica, ligada diretamente ao leme, que substitui o timão quando rompe-se qualquer dos cabos que liga este e aquele.

Carrinho do travel (ou simplesmente travel) – mecanismo geralmente metálico que corre sobre um trilho transversal no qual prende-se a escota da vela grande e que permite, com sua mobilidade, fazer com que o grande se afaste ou se aproxime de uma das bordas. O mesmo nome emprega-se para os trilhos laterais e longitudinais em que correm os carrinhos por onde passam as escotas da genoa. Tem por finalidade abrir ou fechar o ângulo do vento em relação à respectiva vela.

Casco – é o corpo do barco sem qualquer outra peça que constitua o aparelho.

Cockpit – parte do barco localizada na popa na qual alojam-se a roda de leme e, em geral, bancos para sentar.

Convés – piso externo da embarcação.

Costado – parte lateral externa do casco.

Corrico – modalidade de pesca consistente em colocar a rapala na ponta de uma linha e jogá-la pela popa. O peixe abocanha a rapala com o barco em movimento e assim é fisgado.

Cunho – peça rígida, muito forte, geralmente de madeira ou ferro, onde são amarradas escotas, adriças e amarras.

Dingue – pequeno bote de plástico, madeira, ou fibra, geralmente equipado com motor de popa.

Enora – abertura na cabine dos barcos por onde passa o mastro cuja extremidade inferior fixa-se na quilha. Esses barcos possuem, portanto, mastro passante.

Escota – cabo usado para prender os punhos de qualquer vela de avante ou fixar a retranca no travel a fim de trimar a vela grande.

Escotilha – abertura no casco, geralmente pequena, com a função primordial de permitir a entrada de luz e ar no interior do barco.

Estai – cabo de aço que serve de sustentação para o mastro, tanto na proa, quanto na popa.

Esteira – borda inferior de uma vela. Também significa a parte da superfície da água que fica temporariamente marcada pela embarcação, quando esta avança.

Ferro – o mesmo que âncora.

Folgar – ato de aliviar a pressão de qualquer cabo, notadamente as escotas em relação ao velame.

Gato – pequena peça de aço, geralmente usada em pontas de escotas, que serve para engatar estas nos olhéus das velas. É também conhecido como engate rápido.

Garlindéu – peça móvel de ligação entre a retranca e o mastro.

Gaiuta – abertura no convés ou na cabine do barco fechada como se fora um alçapão.

Genoa – vela de proa presa no estai.

GPS – (Global Position System). Aparelho eletrônico que, em comunicação com um mínimo de três satélites artificiais, permite saber sua localização em qualquer lugar da superfície terrestre.

GMT – (Greenwich Meridian Time) – é a hora oficial mundial tomada a partir do Meridiano de Greenwich que passa por Londres.

Grande – o grande ou a vela grande são as denominações mais comuns da vela mestra, que fica para trás do mastro. É a principal vela de qualquer tipo de veleiro.

Guarda-mancebo – armação de hastes e cabos geralmente metálicos, presa na borda de qualquer barco como se fosse um corrimão, com a finalidade de evitar que pessoas ou objetos caiam para fora da embarcação.

Guincho – mecanismo de tração pelo qual se recolhe a âncora para bordo.

Gurupês – peça de madeira ou metal fixada na proa, em ângulo aproximado de 30 graus em relação à linha horizontal, que se projeta para fora e para diante e é usado em veleiros para fixar uma segunda genoa.

Içar – o mesmo que erguer, levantar, fazer subir, especialmente as velas do barco.

Jaibe – mudar de bordo quando navegando de popa.

Latitude – distância entre a linha do equador e as linhas imaginárias a esse paralelas.

Log – hélice fixado no casco para marcar velocidade. É o velocímetro de qualquer embarcação. Palavra também usada para as anotações de bordo tais como horários, rumos, velocidades, coordenadas, profundidades, temperatura, pressão etc.

Longitude – distância entre qualquer meridiano e o meridiano de Greenwich.

Mar de fundo – ver *swell*.

Mastro – peça metálica ou de madeira erguida perpendicularmente ao convés do barco para dar sustentação às velas.

Mastro passante – ver enora.

Moitão – mecanismo de madeira ou metal constituído de duas faces pelo meio das quais fixam-se roldanas para passagem de cabos, possuindo em uma de suas extremidades uma alça para ser fixada em qualquer lugar da embarcação. Permite erguer pesos ou fixar qualquer parte do seio de um cabo.

Paineiro – assoalho interno de uma embarcação.

Paiol – qualquer compartimento destinado a guarda de materiais e mantimentos.

Patesca – moitão com abertura lateral que permite a passagem de um cabo sem necessidade de enfiá-lo a partir de uma de suas extremidades. Muito usada nas escotas das velas de avante para fixá-las na borda dos veleiros.

Perna – segmento de um percurso náutico limitado entre dois pontos.

Popa – parte posterior de qualquer embarcação.

Proa – parte anterior de qualquer embarcação.

Punho – cada um dos cantos de uma vela (em geral três) onde fixam-se os cabos que a sustentam (a adriça e as escotas).

Rapala – isca artificial, imitando um peixe.

Retranca – verga fixada pelo garlindéu na parte inferior do mastro que serve de suporte para a vela grande.

Rizar – diminuir a área vélica, para isso usando cabos que passam pelos olhéus, ou seja, orifícios da vela também conhecidos como rizos.

Sextante – instrumento astronômico pelo qual se mede a altura de um astro ou de uma estrela em relação à linha do horizonte

Singradura – distância total percorrida por uma embarcação, em 24 horas.

Skipper – mestre de uma embarcação e/ou responsável pela manutenção da mesma. Termo igualmente usado para designar o condutor das manobras de um veleiro em regata, seja ele o comandante do barco, ou não.

Solteiro – qualquer cabo isolado existente a bordo, sem destinação específica.

Swell – ondas provocadas geralmente por temporais distantes que entram em portos e baías, tornando a ancoragem desconfortável pela agitação das águas. Também conhecido como Mar de fundo.

Tope – extremidade superior do mastro.

Travel – ver carrinho dot travel.

Trimar – regular as velas para adequado aproveitamento do vento e melhor performance do barco.

Tsunami – enorme e devastadora onda provocada por maremoto ou vulcão submarino.

Valuma – bordo trazeiro da vela. Opõe-se à testa, que se prende ao estai (a genoa) ou ao mastro (o grande).

Verga – peça geralmente cilíndrica que se prende ao mastro e serve para fixação de velas, bandeiras, cabos etc.

Way-point – ponto retirado da carta náutica e transferido para o GPS que deve ser atingido ao longo de uma navegada.